U0020208

目 錄

前言

關於
讀童話學作文

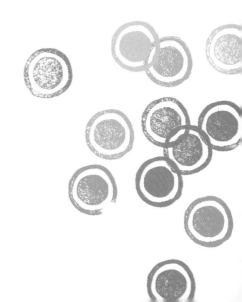

寫給大朋友的話

　　經常會聽到小朋友說：「其實我也不是真的就那麼討厭作文，我只不過是不喜歡寫老師教我們寫的題目。」確實，好的作文題目不僅能夠提高小朋友提筆的興趣，也有助於激發他們的思路，每次在和老師們做作文教學的講座時，我總是會建議老師們，對於要求小朋友寫什麼樣的題目一定要好好多費一些心思，有時甚至不妨也可不限題目，讓小朋友愛寫什麼就寫什麼，首先只要讓小朋友願意寫、喜歡寫，這是最重要的，千萬不要一開始就一股腦兒地拚命向小朋友轟炸什麼所謂的作文技巧。

　　因為，「多讀多寫」永遠是提高作文能力的不二法門，這是不可能有捷徑的，如果小朋友的程度還不夠，甚至對於要提筆寫一點東西這件事根本還絲毫興趣也沒有，這個時候你硬塞給他再多的作文技巧也是白搭；反過來說，如果小朋友願意寫、喜歡

寫，寫多了下筆自然就沒那麼困難，也自然就會慢慢進步，這就好像一個再怎麼拙於言詞的人，如果樂意主動地經常開口說話，久而久之對於要闡述一個想法和意念自然也就不會覺得那麼的困難。凡事都是會熟能生巧的。

所以我這幾年在帶小朋友閱讀寫作營的時候，總是會留一點讓小朋友自由發揮的空間，這個時候我就發現，小朋友最喜歡寫的就是童話。

這也難怪，童話不僅是兒童文學中最重要的一種文類，也一直是最受小朋友喜愛的一種文類。童話寫作特別需要一顆飽滿的童心，才能發揮自由奔放的想像力。我們常常用「童心未泯」來讚美大人，可是，對於大多數的孩子們來說，他們根本就不缺童心，他們的童心還非常充沛，他們根本就還生活在童話裡！所以，我覺得如果能夠讓孩子們試著來寫一寫童話，是一個很好的練筆方式，寫多了，孩子們對於如何用字遣詞、如何表達一個構思、如何把一件事（一個故事）說清楚（這些其實就是作文的基本能力），自然就都會有所心得。

不過，接下來的問題是，童話寫作不僅需要豐富的想像力，也很需要駕馭這個想像的能力；這也好像是寫其他文類的作文，光是有一個很棒的構思和題材還不夠，你還需要一種能夠把它好好表達出來的本事。而關於童話寫作的技巧，偏偏往往都是只能意會、很難言傳。我想，不只是我，大概每一個作家都經常會碰到讀者好奇地詢問「你的哪一個故事是怎麼寫出來的？」，面對這種「大哉問」，想要做具體的解說，實在是很不容易。

　　現在，「讀童話學作文」這套叢書，我要做的就是努力把本來很難言傳的東西，盡可能具體地說出來，同時還要說得清楚，說得有趣。我的主要訴求對象是小朋友。我們在教小朋友任何事情的時候，都會打比方，告訴孩子們「你看這個就好像什麼什麼」，孩子們比我們大人更需要從具體的事物去尋找已有已知的經驗，再以這些經驗做為基礎去學習新的事物，這也就是為什麼我要採取「夾議夾敘」的原因；我想做的就是在梳理整個童話發展脈絡，以及討論童話寫作技巧的同時，一方面讓小朋友看故事，另一方面讓小朋友從看故事中領會我所要傳達的一種觀念和

技巧，從而對於這些抽象的技巧能夠有所掌握。此外，我也收錄了一些小朋友的童話習作，這些作品如果站在比較嚴格的作文角度來考量，或許很多都不能算是最優秀的作品，但是我覺得還是很有可取之處，而且都可以讓小朋友更進一步地了解寫作技巧，並激發小朋友動筆的興趣和信心。

此外，這套叢書雖然主要是針對小朋友而寫，三本書是按照由淺入深的層次，但是對於想要指導小朋友嘗試童話寫作，或是自己本身想要嘗試童話創作的大朋友，應該都還是有一些參考價值的吧。童話是屬於我們每一個人的，只要你有心去親近，你就可以在童話的世界裡自由翱翔。

管家琪

寫給小朋友的話

　　親愛的小朋友，這套叢書主要是為你們而編寫的。

　　你們一定讀過不少很棒的童話，譬如《安徒生童話》、《格林童話》、《天方夜譚》等等，不過未必清楚它們究竟是棒在哪裡；而當你在讀很多很多精彩的童話的時候，或許也曾興起過「我也想來試著寫寫童話」的念頭，可是你未必知道究竟該如何下手。

　　現在，這套叢書，一方面要告訴小朋友「童話」到底是怎麼來的（童話的歷史），還要告訴小朋友，如果你想嘗試寫童話，該從哪些地方著手最為可行和有效，而如果想要精益求精，你也會學習到該掌握哪些重要的寫作技巧。

　　閱讀這套叢書，你們將展開一趟愉快的童話之旅，並且從閱讀很多好聽的故事以及欣賞很多佳作的過程中，逐漸領會有關童

話和作文很多有趣的東西。

　　祝大家旅途愉快！盡情享受這迷人的童話吧！

管家琪

1

孩子是天生的
童話作家

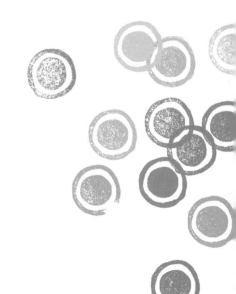

我們常常會聽到一種說法，說「孩子是天生的詩人」，的確，孩子們的童言童語總是那麼的可愛，而且還經常洋溢著一種自然的詩意。

我們不妨先來欣賞三首小朋友所寫的童詩。

做　操　　郁苗苗

寫字課上

我教字兒做操

「小」字站直

「不」字平衡

「女」字別跳

…………

字兒帥

大家都稱好

教練是誰

我在偷偷笑

捉迷藏　　戴伊婷

頑皮的秋風娃娃

和楓葉玩捉迷藏

呼地一下就不見了

總也找不到他

急得楓葉

臉都紅了

長頸鹿　　顧青青

還不是因為嘴饞

吃樹葉

吃長了脖子

冬天即將來臨

看你到哪裡

去買那長長的圍巾

我們再來欣賞三首大朋友所寫的童詩。

蝸　牛　　林　良

我走路

不算慢

誰拿尺子量量看

短短的一小時

我已經走了五寸半！

春天被賣光了　　杜榮琛

春天是一匹，

世界上最美麗的彩布，

燕子是個賣布郎。

他隨身帶著一把剪刀，

每天忙碌地東飛飛，西剪剪，

把春天一寸寸賣光了。

彎彎的月兒小小的船　　葉聖陶

彎彎的月兒

小小的船

小小的船兒兩頭尖。

我在小小的船裡坐，

只看見閃閃的星星

藍藍的天。

怎麼樣？這六首童詩，無論是小朋友寫的，或是大朋友寫的，是不是都很可愛？

現在我們不妨來想一想，為什麼會這麼可愛？主要的原因在哪裡？

我覺得，儘管這六首童詩的作者不同，主題也不同，可是，之所以會這麼可愛，是因為它們都有一個共同的原因，那就是

——它們都有童話的色彩。

我們回頭再看一下：

〈做操〉：把寫字想像成是自己在教那些字「做操」，所以，「小」要站得直，「不」和「女」要站得穩，才會好看。

〈捉迷藏〉：「楓葉」是楓樹的葉片，不會動，也不會有表情，「秋風」更是我們肉眼所看不到的，可是小作者把他們都「擬人化」（就是把他們都想像成是有生命的）以後，一切就都活了起來，譬如把他們都想像成是小朋友，當秋風一吹，地上的楓葉隨風而起，就好像是兩個小朋友在玩捉迷藏似的。此外，秋天的楓葉本來就是紅的，「急得楓葉／臉都紅了」卻把這個自然現象也加以童話的想像。

〈長頸鹿〉：這首童詩有兩個想像，首先是想像「長頸鹿的脖子為什麼會這麼長？」（原來是因為嘴饞，貪吃樹葉，而且還是仰著頭拚命一路往上吃，這樣吃著吃著就把脖子給拉長了）；其次，是眼看長頸鹿的脖子已經這麼長了，於是開始擔心，冬天馬上就要來了，市面上哪裡有賣那麼長的圍巾能夠讓長頸鹿來圍

脖子呢？那如果不把脖子圍起來，長頸鹿在冬天不是會很冷嗎？
（小朋友好貼心啊）

〈蝸牛〉：有很多童詩都會在「擬人化」以後，再用第一人稱來表達，譬如在這首作品中，作者就是假裝、想像自己是蝸牛，然後對於別人說他走路太慢感到很不服氣，因為在蝸牛看來，「一個小時走五寸半」已經很快了，一點也不慢呀！

〈春天被賣光了〉：這一首童詩有好幾層想像。第一，把燕子的尾巴想像成是剪刀；第二，燕子幹嘛要整天帶著一把剪刀？原來他是一個「賣布郎」；第三，燕子賣什麼樣的「布」呢？原來這塊布的名字叫做「春天」；第四，由於「春天」這塊布「一寸寸」地被燕子慢慢地「賣光了」，春天也就這樣一天一天地過去了。

〈彎彎的月兒小小的船〉：這看起來是不是很像「夢工廠」（Dream Works SKG，美國排名前十名的一家電影、製作和發行公司）的標誌？不過這首童詩問世的年代可比「夢工廠」的標誌要早得多。作者葉聖陶（1894-1988）是大陸頗負盛名的兒童

文學作家，「抒情」是他作品的一貫風格；這一首詩就是他抒情風格的一個典型。或許月兒彎彎在很多孩子看起來就是很像一條小船吧，而希望能在這樣的小船裡坐一坐，也是一種很自然的想像。

詩，其實是很難寫的。現在有好多所謂的「詩」，其實都只不過是把一段話拆開來排成一行一行的而已。

譬如下面這一首：

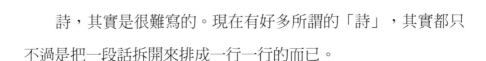

無　題　　佚　名

我

終於

會

寫詩

了

當然啦，這首作品只是一種諷刺，大概只不過是想說明，詩沒那麼好寫的。就算是形式上看起來很像詩（把話排成一行一行），也不能表示這就是詩。以童詩來說，我在讀過很多很多中外童詩作品以後，有一個很強烈的感覺，那就是——凡是成功的童詩，在詩作中都會有一個精彩的比喻，而這個比喻往往就是充滿童話色彩的。

　　所以我覺得，小朋友之所以會是「天生的詩人」，其實是因為小朋友都是「天生的童話作家」，因為當我們在年紀還小的時候，總是會有很多光怪陸離的想像，好像世界上沒有什麼是不可能的。同時，當我們還沒有學到那麼多、知識還不夠豐富的時候，相對地我們的想像其實也會比較自由，比較不受限制。就好像在阿姆斯壯還沒有踏上月球的表面時，誰能說月亮上就一定沒有人、沒有生物呢？

　　親愛的小朋友，管阿姨建議大家不妨找一個小本子，趁你們現在年紀還小的時候，把你們很多可愛的想像、很多童話的感

覺，都盡量記下來吧。因為，童年一生只有一次，童年時期的很多想像都是最自然、最巧妙，也是將來最難再重現的。

2

想像力最奔放的
神話時代

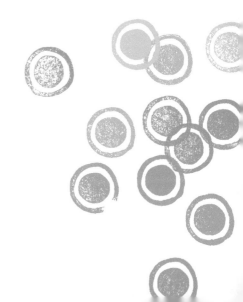

什麼是「文明」？「文明」是一個很大的概念。

　　從很久很久以前地球上有了人類以來——不，地球是從四十六億年前就開始有了生命，我們應該說地球上是先有了動植物，然後慢慢才有了人類，接下來，為了生存，人類開始聚集在一起，最早都是盡量聚集在水邊（所以世界四大古文明包括起源於黃河流域的中國文明、起源於尼羅河畔的古埃及文明、起源於印度河流域的古印度文明，以及起源於兩河流域的蘇美文明都是起源自水邊，水真的是生命之源啊），然後大家學會互相溝通，學習互相幫忙，慢慢也學會了怎麼樣生火，怎麼樣用石頭來製造一些好用的「工具」，還要學習怎麼樣克服惡劣的環境，怎麼樣馴服動物，使某些動物能夠為人類做事……，一直到現在，我們可以住在水泥大廈，水龍頭一開就有水，開關一開就有電，我們可以打電話、上網、看電視、看電影、坐汽車、坐火車、坐飛機……，同時，各國有各國的語言、文字、習俗……這個漫長的過程，就是一個「文明化」的過程。

　　「文明」是不斷在往前推進的，就好像一個小寶寶從出生的

那一天開始，就會一天一天地長大，今天你是八歲，明天你就一定是「八歲又過一天」，而再也不可能變回七歲、六歲或更小。現在，我們把「文明」想像成是一個人，當他還是小寶寶的時候，很多事情他都還不明白，但是這並不表示他就沒有觀察力，並不表示很多事情他就不會注意到，而且還會進一步地產生困惑；很多事情——特別是關於大自然——他都注意到了，但是他又不知道是怎麼回事，這個時候他就只好用一個故事來解釋。這就是「神話時代」。

　　想像一下，如果我們是生活在遠古時期的那些老祖宗，看到打雷閃電，看到下雨之後經常會有彩虹，看到突然地動山搖，看到颱風，看到日蝕月蝕……，一定會覺得好奇怪，甚至會覺得好可怕，我們一定會很想知道這是怎麼回事？怎麼會這樣啊？為什麼會這樣？可是當時的科學知識又沒辦法解答這些奇怪，甚至可怕的現象，所以，老祖宗們很自然地就會運用想像力，用故事來解釋一切自然界的現象。

　　可以說，好奇心和想像力都是人類與生俱有的一種能力，而

在知識匱乏、科學落後的時代，因為沒有什麼限制，沒有什麼不可以，在「希望尋求一個合理的解答」這樣的好奇心驅使之下，想像力也就可以無拘無束地充分發揮。比方說，沒人說人類為什麼不能飛上天空，又為什麼不可以住在月亮上，所以，想像中只要吃了一顆仙丹，應該就可以飛到月亮上去，而且還可以在那裡蓋個房子住下來，甚至還可以養個寵物呢，否則當我們抬頭望著月亮，看到的那一點點黑影到底是什麼呢？一定是嫦娥所住的「廣寒宮」，還有待在嫦娥姑娘身邊的小白兔嘛。

當我們在欣賞各個民族的神話故事時，你還會發現有好多同樣都是以日月星辰、彩虹、大洪水、季節的變化等等大自然的現象來做為發揮的故事。因為，不管是哪一個民族，在遠古時期，這些老祖宗們抬頭看到的是同一個太陽、同一個月亮、同一片星空（其實現在也是一樣），他們一定經常都會感到既好奇又困惑，而在沒有人可以向他們解釋「彩虹是怎麼形成的？」、「為什麼會有地震？」、「為什麼打雷之前會先有閃電？」等等自然現象的時候，他們只好很自然地用童話故事來加以解釋。

今天，雖然科學已經相當進步，科學已經可以解答很多問題，但是在面對奇妙的大自然時，我們還是可以用童話的角度來解釋很多自然現象，這是一件很好玩的事。

看看下面的故事，就會知道大自然有多奇妙。

| 故 事 欣 賞 |

天狗吃日　　　管家琪

天狗汪汪拚命趕路。

一個月前，他接到通知，說九月二十日這一天輪到他去吃太陽，但他必須在中午十二點準時開始吃，遲到的話，就不會再有第二次的機會。

汪汪是天狗族中最年幼的一隻，他等待這個機會已經很久很久了。在漫長的等待期間，他每天都在家中懸吊一個大餅，然後從左邊咬，右邊咬，上面咬，下面咬，想找出一個最美妙的姿

勢。他也時常幻想著：「聽說只要吃一口太陽，就會變得很聰明，只是不知道太陽的滋味如何？會不會像這個圓餅一樣的香酥好吃？」由於他練習得非常認真，等輪到他去吃太陽時，他已經變成一隻大胖狗了。

出發的前一天晚上，汪汪因為緊張、興奮過度，翻來覆去睡不著，折騰得很晚，結果早上竟然睡過了頭；驚醒之後，連臉也沒洗乾淨，就慌慌張張地上路了。

「好不容易才等到這個機會，我一定得準時呀！」汪汪一面低頭趕路，一面焦急地想著。

但是，他太胖了，動作很不靈活，即使氣喘吁吁地拚命趕，還是想快也快不了。

「糟了！我要遲到了！」汪汪急得哭出來。

一片美麗的白雲發現了汪汪，飄過來柔聲問他：「嗨，你怎麼了？別哭嘛，有沒有什麼我可以幫忙的？」

汪汪揮著汗水，拭著眼淚說：「我必須在中午十二點準時趕去吃太陽，可是我怕來不及了。」

白雲說：「不要急，我可以送你一程。不過，你個頭不小，恐怕得多找幾個兄弟來幫忙。」

汪汪覺得很不好意思：「對不起，我圓餅吃得太多了。」

白雲吹了一聲口哨，立刻就飄來十幾朵不同色彩的雲朵，大家一起馱著汪汪向前直奔。

「謝謝！謝謝！」汪汪好感激。

坐上「彩雲快車」果然快多了。

「也許還會早到呢！」汪汪興奮地想著。

可是，過了一會兒，彩雲們開始抱怨了。

「哎呀，這小子太重了！」

「奇怪，別的天狗好像沒這麼胖嘛！他是不是冒充的？」

「不行，累死了！讓他自己走吧！」

彩雲們吵來吵去，決意不肯再馱了。第一朵白雲抱歉地對汪汪說：「對不起，我想，我們只能送你到這裡了。為了表示歉意，這裡有一包雲彩送給你，如果太陽太燙，你只要撒一點點雲彩，他就會冷卻下來；但是，可別撒太多噢！那樣會不好吃

的。」

「謝謝，麻煩你們了，我還是很感謝你們。」汪汪覺得很失望，萬分不捨，卻也無可奈何。

汪汪只好收起雲彩，繼續趕路。

然而，路好遠哪！胖手胖腳又不聽話，汪汪又急得哭出來：「糟了！我真的來不及了。」

這回，一個身材修長的閃電發現了他：「嘿，你不是天狗族裡最年輕的那隻嗎？輪到你吃太陽啦？」

「是呀！可是我必須在中午十二點準時趕到，否則就再也吃不到太陽了。」

汪汪心急如焚，「我怕我要遲到了！」說著說著又大哭起來。

閃電連忙安慰他：「別哭，別哭，我可以送你，一定來得及，不要擔心。」

「真的？」汪汪高興極了，抹抹眼淚，立刻跳上閃電的背，但還沒坐穩，突然「喀啦」一聲，閃電竟短了一截，前端一部分

碎裂了。

　　汪汪嚇了一跳：「對不起，我是不是太重了？」

　　「咳咳……還好，還好。」閃電顯然有點吃力，「這些碎片你就順便收起來吧！我聽說太陽會把自己弄得渾身怪味，讓天狗吃不下去；可是，你只要在他身上撒一點點閃電碎片，他就會變得很可口了。」

　　「謝謝！謝謝！」汪汪非常感激地把那些銀光閃閃的碎片收起來，坐著「閃電快車」再度出發了。

　　離約定的時間還有一個鐘頭，汪汪和閃電已來到天的中央。

　　閃電溫柔地把他放下來：「我只能送你到這裡了，我的眼睛不太好，太接近太陽會受不了的。」

　　汪汪抱著他，不斷地說：「謝謝！你真好心，我會永遠記著你的。」分手後，閃電還頻頻回頭，叮嚀汪汪要記得使用碎片，但也不必用得太多。

　　太陽就在前方，汪汪信心十足地向前邁進。

　　忽然，起了一陣怪風，朝他猛吹，似乎要阻止他前進。汪汪

覺得行進間受到了阻力，但仍努力前進。過了一會兒，怪風的風力更強了，然而汪汪的腳步還是不曾停下來。

「啊，累死了！」怪風喘著氣，「這隻天狗好胖呀！吹不動，我沒辦法趕走他了！」

當汪汪終於來到太陽的面前時，太陽的臉上一陣驚恐，高聲叫罵道：「哼，又來一隻笨狗，憑你也想吃我？」

汪汪說：「是的，我等了好久才等到這個機會。」

「死胖子，有本事就來吧！」太陽憤怒地說。他突然發放出比平時還要高出百倍的熱量，汪汪一不小心，額頭上一撮鬃毛就被燒焦了。

「哇，好痛！」汪汪立刻緊張地抽出雲彩，大把大把地朝太陽撒去，一轉眼就全撒光了，說時遲那時快，太陽果真急速冷卻，還發出一連串「嗞嗞」的聲音。「好吧！算你厲害。」太陽又想出另一個花招，大聲說，「不過，我可要告訴你，我比陰溝還要臭，比藥還要苦，你真想吃我嗎？」

汪汪用力一嗅，嗯，果然不好聞，一股怪味直朝他逼來。

他馬上又拿出閃電碎片朝太陽撒去，只是一慌張，又全撒光了。汪汪正在懊惱撒得太多；嘿，不到五秒鐘，太陽竟怪味盡除，聞起來很像家中剛出爐的圓餅味道了。旅途的疲憊，這時都鮮明起來，汪汪餓得口水直流。

「啊，我沒辦法了！」太陽哭喪著臉，「拜託你有點吃相，別啃得我太痛。」

「沒問題。」汪汪熟練地擺出一個優美的姿勢，就朝太陽撲了過去──剛好準時。

可是……天啊！汪汪簡直不敢相信，期待了這麼久的太陽竟然會這麼難吃，又冷又硬，還甜膩得近乎噁心。「怎麼會這樣呢？」他連一口也嚥不下，趕快又吐了出來。

「哇，好好玩的日蝕啊！」九月二十日這天，地球上的小朋友歡呼著。

「是啊！」老師說，「古時候的人把日蝕叫做『天狗吃日』

哩，你們看，像不像一隻狗把太陽咬了一口之後又吐出來？」

 管阿姨的創作心得分享

　　在神話時代，老祖宗們把日蝕現象稱為「天狗吃日」，這個故事的靈感就是這麼來的。已故的兒童文學界前輩潘人木女士當年曾經對這篇作品有一個評論，說：「這篇作品的好味道，完全是來自於太陽的壞味道」。是啊，從一開始我就在想，如果「日蝕」是「天狗吃日」，是一隻天狗咬了一口太陽之後又趕緊吐出來，那麼，他為什麼會在咬了一口之後很快地就吐出來，應該有一個「理由」，我猜最合理的理由一定就是因為太陽很難吃，只不過天狗原先不知道而已；順著這個思路再往回慢慢梳理，就成了這個故事。

3

豐富多彩的
民間傳說

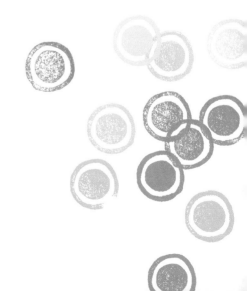

神話之後，就進入了民間傳說的時代。

首先，我們要想像一下，在很久很久以前，主要還是農業社會的時候，大家都過著「日出而作，日入而息」的生活，就是說，一大早太陽出來了，就拿著農具去田裡工作，然後呢，經過了一天的辛苦勞動，等到晚上太陽下山了、看不到了，就回去睡大覺。古代人一到了晚上就很難做事，因為古代還沒有電燈啊，電燈泡是在十九世紀下半葉才問世的，距今只有一百三十年左右，就連跟今天蠟燭很像的蜜蠟也是在西元前三世紀（就是西元前三百年）左右才有的，更何況一般普通老百姓在平常也是捨不得點蠟燭的。

你只要想像一下在停電的晚上，不能看電視，不能打電動，不能聽音樂，該怎麼辦呢？該做些什麼呢？想想看在電燈泡還沒有問世以前，普通老百姓到了晚上都是黑漆嘛烏一片，幾乎什麼都不能做，那麼，大家都是以什麼樣的方式來娛樂呢？

有一個最簡單、最方便，而且也是非常討好的娛樂，那就是——說故事，以及聽故事！

此外，在古代，教育還很不普及，大家也經常會在故事中寄託一些道德教訓，就是說告訴大家子女應該孝敬長輩、手足之間應該互相友愛、做人應該誠實勤勞，甚至大家都應該無條件地效忠帝王（所謂「忠孝節義」）等等，以便形成一套普遍的觀念（所謂的「價值觀」），這對於維持社會的穩定是很有幫助的。

當然，只要運用和發揮想像力，在先民看來，所有東西都可以成為故事的主角，然後這些故事又會一代一代地傳下去，這就是民間故事。

細數一下民間故事的種類，真的是非常豐富，比方說：

①以山川湖泊等為對象的民間故事，譬如〈阿里山的姊妹潭〉、〈虎跳峽的傳說〉、〈飛來峰〉、〈半屏山〉等等。

②以植物為對象的民間故事，譬如〈香山紅葉的傳說〉、〈將軍柏〉、〈湘妃竹〉、〈水仙花〉等等。

③以動物為對象的民間故事，譬如〈好鼻師〉、〈螞蟻

的由來）、〈猴子紅屁股的故事〉等等。

（以上這三種民間傳說的類型往往跟「神話」之間的界
線還是相當模糊的。）

④以習俗為對象的民間故事，譬如〈年的傳說〉、〈端
　午節吃粽子的由來〉、〈中秋節的由來〉等等。

⑤以民俗為對象的民間傳說，譬如〈門神的故事〉、
　〈閻王爺的由來〉、〈鍾馗的傳說〉等等。

⑥以城市起源為對象的民間傳說，譬如〈五羊城的傳
　說〉（「五羊城」就是廣州）、〈羅馬的故事〉等
　等。

⑦以食品起源為對象的民間故事，譬如〈愛玉凍〉、
　〈新港飴〉等等。

⑧以某種道德教訓為對象的民間故事，譬如〈白賊七〉
　（說謊專家就算一時能佔得一些小便宜，但是最後也
　不會有什麼好下場）。

⑨以歷史人物為對象的民間傳說，譬如〈崇禎皇帝測

字〉、〈清不過包公〉、〈紀曉嵐的傳說〉等等。

⑩以比較純粹娛樂目的為主的民間故事，譬如〈傻女婿〉、〈書呆子與木匠〉、〈三叔公〉等等。

....

民間故事實在是很多很多。除了中國的民間故事，其實，《格林童話》也是民間故事，是德國格林兄弟——雅各布‧格林（1785-1863）和威廉‧格林（1786-1859）所收集整理的德國民間故事的大集合，這本書問世之後還帶動了歐洲各國也都紛紛整理自己本國民間故事的風潮；而《一千零一夜》則是阿拉伯的民間故事大集合。有時候，比較一下相同主題、不同版本的民間故事，是滿有趣的一件事。

現在，我們就來欣賞兩個同樣是以彩虹為主題的民間故事。

彩虹的傳説 (阿美族的傳説)　　　管家琪／改寫

天上有很多仙人,有一個仙人,名叫伊勒克。

伊勒克是一個很閒的仙人,沒什麼事做,整天就是東逛逛、西晃晃,要不就是靠在雲彩上休息。

有一天,當伊勒克又靠在雲彩上,無意間撥開腳下的雲朵,看到了居住在高山上的阿美族人,正在誠懇地求雨。伊勒克很同情他們,就變成一個英俊的少年下到凡間。(這倒很特別啊,因為一般都是仙女下凡,可是這個故事卻是仙男下凡!)

伊勒克想要幫阿美族的人解除苦難。他先做了一個大陀螺放在地上,抽一下,田地就奇蹟般地整平了;再一抽,清澈的水就從泥土裡湧出來了。就這樣,伊勒克很快地就把所有的荒山都變成了良田。這年秋天,阿美族的人得到了大豐收,大家都很開心。

為了向伊勒克表達謝意，部落裡的老人們商量著要好好地慶祝豐收，並且邀伊勒克參加營火晚會，與大家同歡。於是，家家戶戶都盡心盡力地準備了豐盛的禮物。到了節日那天，男女老少都穿上色彩鮮豔的衣服，女孩子們更是一個個都打扮得漂漂亮亮，大家高高興興地來到村頭的平地。

　　晚上，營火升起來了，是伊勒克親自為大家點燃的，他並且還帶領大家唱起歡樂的歌曲，大家就圍著營火邊唱邊跳，每一個人都覺得很開心。

　　突然，伊勒克注意到有一個美麗的姑娘，穿著一身五彩繽紛的衣服，正站在不遠處含情脈脈地望著自己，而他一看到這個姑娘，馬上也就情不自禁地愛上了她，於是就朝姑娘走過去，牽起姑娘的手，兩人深情地跳起舞來。

　　大家都為他們的愛情祝福，都希望他們能夠永遠相愛，永遠在一起。

　　可是，伊勒克畢竟是天上的神仙，不能老待在人間。終於，到了伊勒克非回去不可的時候，可是他又很捨不得心愛的妻子，

很想把愛妻也帶回到天上去，所以，他就想了一個辦法。

伊勒克告訴愛妻：「我先到天上去，然後變成一個天梯，妳就順著這個梯子爬上來，一直爬到天上，這樣我們就能永遠在一起了，不過——」

伊勒克再三叮嚀妻子：「妳在爬天梯的時候，一定要記住，千萬不能嘆氣，一嘆氣，天梯就會斷了。」

「不能嘆氣，我記住了。」妻子用心記著。

這天，伊勒克向大家告別之後，就乘著一朵白雲，悠悠飛上天空，然後，他果真變成一個玉白色的軟梯，從雲端長長地垂落下來。

姑娘依依不捨地告別了家人，開始攀上天梯。

她爬呀爬呀，因為想念丈夫，她爬得很快。爬了好一會兒，爬累了，她停下來稍微休息一下，往下一望，喲，她非常驚訝地發現，原來從天空往下看著自己的家鄉，是這麼這麼的美啊！她努力地想要辨識下面的親人，但是已經看不到了……姑娘的心一下子低落下來，因為彷彿直到這個時候她才突然意識到，等自己

爬到天上去了以後，就再也看不到自己的親人和族人，也永遠不能再踩在那片熟悉的土地上了……想著想著，姑娘忘記了丈夫的叮嚀，不知不覺地嘆了一口氣……

就在這一剎那之間，只聽見一聲巨響──天梯斷了！

「伊勒克！」姑娘尖叫著呼喚丈夫，可是，伊勒克還來不及彎下腰去接住她，姑娘就已經摔下去了……

伊勒克傷心欲絕，眼淚嘩啦嘩啦地直流，落到地面上姑娘落下來的地方，匯聚成一個深潭，伊勒克就此安葬了愛妻。

不知道過了多久，當伊勒克終於停止了哭泣的時候，發現自己玉白色的身體上閃耀著色彩繽紛的光影，像極了美麗的妻子在豐收節那天晚上所穿的那件五彩繽紛的衣服。從此，伊勒克總是默默地立在半空，為人間降雨，並且希望有一天愛妻還能夠甦醒，然後順著美麗的彩虹朝自己走過來。

花邊姊姊 (大陸少數民族的民間故事)　　　管家琪／改寫

　　從前，在一個寨子裡有一個美麗的姑娘，她很會編織花邊。她在花邊上織出的花草鳥獸，總是光彩奪目，活靈活現，就像是真的一樣。大家都稱她為「花邊姊姊」。

　　大家都想得到花邊姊姊所編織出來的花邊，縫在衣服上，是最棒的裝飾，能夠替自己的衣服增加很大的光彩，各村寨的姑娘也都紛紛跑來向花邊姊姊學習如何編織花邊。雖然學來學去，總是沒有人能像花邊姊姊編得那樣好，但是花邊姊姊很有耐心，總是告訴大家，不要急，慢慢來，我一定會把妳們統統都教會的。

　　花邊姊姊的名聲愈來愈大，也愈傳愈遠，終於，有一天，連皇帝都知道了在遠方有這麼一個又漂亮又能幹的姑娘，就派出一隊人馬翻山越嶺地跑到山寨來要把花邊姊姊給搶走。

　　大家又哭又叫，都不願意讓花邊姊姊被搶走，花邊姊姊自己

也不想走，可是他們哪裡敵得過那些厲害的士兵。花邊姊姊還是被搶走了，臨走前還一直對姑娘們哭喊著說：「我就算是死了，也還是要教會妳們編織花邊的！」

到了皇宮，花邊姊姊拚命懇求皇帝放她回去。皇帝想要留住花邊姊姊，就採納了一個大臣的意見，對花邊姊姊說：「聽說妳很會編織花邊，編織出來的動物都是栩栩如生，那麼，只要妳能夠在七天之內編織出一隻活的公雞，我就放妳回家，要不然妳就得永遠待在這裡。」

花邊姊姊聽了，就在牢裡流著眼淚日日夜夜趕織一隻公雞。到了第七天，公雞織成了，花邊姊姊咬破自己的手指，把血滴在公雞的雞冠上，又把眼睛一眨，一滴淚珠就滴進了公雞的嘴裡，只聽見幾聲撲翅的聲音，嘿，公雞真的就活過來了！

但是，皇帝不信，堅持說一定是花邊姊姊串通了哪一個獄卒，偷偷放進一隻公雞到牢裡來。皇帝說：「再限妳在七天之內，給我編織出一個野鷂鶘來，否則妳就要永遠待在這裡！」

花邊姊姊只好又流著淚，繼續日日夜夜地趕織野鷂鶘。過了

七天，野鷯鴣編織好了，花邊姊姊又咬破指頭把鮮血抹在鷯鴣的羽毛上，再把一滴淚珠滴進鷯鴣的嘴巴裡，鷯鴣也活過來了！

可是，這回皇帝還是拒不承認，強辯道：「我是叫妳編織一條天上的龍，誰叫妳編這個玩意兒？再給妳最後的七天時間，辦不到妳就永遠也別想回家！」

花邊姊姊咬著牙做最後的努力，又編織出一條小龍，而且像前兩次一樣，用自己的鮮血和淚珠讓小龍活了過來。不過，這一次，在皇帝還沒有來的時候，花邊姊姊摸著小龍，對小龍說：「等一下皇帝一定又會賴皮，也許會說他叫我編的不是龍而是一條魚，我看我是永遠也別想回家了，不如還是你帶我走吧……」

說著說著，皇帝來了，看到牢裡有這麼一條小龍，非常驚訝。這回，皇帝倒沒有否認自己叫花邊姊姊編的是一條龍，但是，他硬是否認眼前所看到的是一條龍！

他說：「這是什麼？這怎麼會是龍？這明明是一條蛇！」

結果，小龍聽到自己被「污衊」成是一條蛇，非常生氣，抬起頭來，張開大嘴，「轟」的一聲，噴出一團熊熊的火焰，就把

在場的皇帝和獄卒等人統統都燒死了！

（原來這還是一條噴火龍哪！）

接著，噴火龍又連續噴火，把整個皇宮都給燒了！

花邊姊姊也死了。但是，在她死後，她騎著小龍升上天空，從此，她在天上照樣勤奮地編織花邊，每到雨後天晴，她就會在天邊展示她所編織的花邊，用這樣的方式繼續教導各村寨的姑娘們編織花邊。

據說，這就是彩虹的由來。

你瞧，這兩個故事雖然同樣是針對彩虹所引發的想像，可是故事情節卻完全不同。我建議大家在閱讀課外書籍的時候，不妨經常做這樣「主題式的閱讀」，多比較一下「在同一個主題之下、各方不同的設計和巧思」，這樣對於刺激我們自己的思路會很有幫助。

民間故事既是產生於民間，就意味著一定是和老百姓的生活息息相關。比方說，從〈花邊姊姊〉可以看得出來在過去的封建社會，老百姓對於威權的害怕和痛恨（「皇帝」是封建社會權力最大的一個人）。但除此之外，其實這個故事倒也反應出一個很好的觀念，那就是——「大自然是最好的老師！」我曾經不只一次聽到花藝老師、服裝設計師、室內設計師都說，沒事的時候特別喜歡到郊外去走走，仔細觀察大自然中的配色，因為大自然的配色往往最大膽，同時又是最和諧的。比方說，有很多人都說「紅配綠，狗臭屁」，意思是說，紅色配上綠色，那簡直是不能看，可是，聖誕紅不就是「紅配綠」嗎？看起來不是就很好看嗎？於是有人又說「紅配綠」其實不是「狗臭屁」，而應該是「有創意」！

　　我們不妨再來看一組感覺很類似的民間故事。

七兄弟　　　管家琪／改寫

　　從前，在一座高山下面，在大海的旁邊，有一座村莊。村莊裡有一個老頭子，他有七個兒子，七個兒子都很與眾不同，都有特異功能，老大長得又高又大，又粗又壯，簡直就像是巨人一樣，名叫「大壯實」，老二叫做「二颶風」，老三叫做「三鐵漢」，老四叫做「不怕熱」，老五叫做「五長腿」，老六叫做「六大腳」，老七叫做「七大口」。（從他們的名字，我們已經可以隱約猜測出來他們各自不同的特殊本事啦。）

　　有一天，老頭子對七個兒子說：「我們村子的東邊是大海，西邊是高山，出門太不方便了，你們把它們搬遠一點吧！」

　　所謂的「它們」，可是高山和大海哪，可是這一點也難不倒七個兒子。過了沒多久，老頭子一走出門就發現大海也望不到啦，山也不見啦，放眼望去，四周盡是又平整又黑油油肥沃無比

的土地。（不知道愚公老先生如果知道了這件事會做何感想？）

老頭子很滿意，對七個兒子說：「這麼好的土地，怎麼能讓它閒置，你們趕快種一些五穀雜糧吧。」

七個兒子很聽話，馬上齊心協力地大幹特幹起來。

過了一段時間，田地裡就長滿了一眼望過去都望不到盡頭的好莊稼，眼看就可以迎來一個大豐收，一家人都很高興。

沒想到，這樣的好事不久竟引來了麻煩。原來，京城裡的皇帝也聽說了有這麼一個神奇的好地方，就派人拿著聖旨來跟老頭子催繳皇糧。（顯然就是想霸佔老頭子一家的豐收啊。）

老頭子很發愁，跟七個兒子商量。老頭子說：「怎麼辦呢？皇帝的胃口是一個無底洞，永遠也滿足不了的，但是不聽又不行……」

七兄弟都很火大，就跟爸爸說：「爸爸別怕，我們去京城跟皇帝講道理！」

於是，七兄弟就氣呼呼地出發了。

他們還沒走到京城門口，守門的士兵大老遠就已經看到了他

們，特別是看到像巨人一樣的「大壯實」，嚇得直發抖。

到了城門口，「大壯實」開始叫門：「開門開門！我們來跟皇上講道理！」

士兵哪敢開，守城的將領用顫抖的音調說：「鄉下人哪有資格來跟皇上講道理……」

他的話還沒有說完，「大壯實」就已經氣得伸手一推，然後，只聽見嘩啦啦啦一聲，城門、城牆就統統都垮了，士兵和將領也統統都被壓死了。

七兄弟繼續往前走。來到午朝門外，只見午朝門也關得緊緊的。「二颶風」對「大壯實」說：「大哥，你休息一下，我來叫門。」

說著，「二颶風」就扯著嗓子開始叫門：「開門哪！我們七兄弟要來跟皇上講道理！」

「二颶風」一連叫了好幾聲，都沒人應，他很生氣，一口氣噴出來，就像颳大風似的，把午朝門以及門前的蟠龍石柱一下子就全部吹倒了。

裡頭的滿朝文武全都嚇壞啦，但是誰也不敢出面來阻擋七兄弟。

　　七兄弟轉眼就來到了金鑾殿前，看到皇上正坐在他的寶座上不住地發抖呢。

　　「三鐵漢」說：「二哥，你也休息一下，我來跟皇上講道理！」

　　皇上嚇得臉色發青，但是仍然堅持道：「鄉下人怎麼可以來跟我講道理，來人呀！趕快把他推出去斬首！」

　　「三鐵漢」一聽就笑了：「斬首？先砍我的胳膊試試看！」

　　說著，他就把一隻胳膊伸到一個武將面前，武將舉起刀，使出吃奶的力氣，拚了命地砍下去！——結果，隨著「哐噹」一聲巨響——刀竟然碎了！

　　皇帝嚇得從龍椅上滾了下來，一邊往後逃，一邊吩咐：「砍不死他，就用火燒他！」

　　「火攻？」「不怕熱」說：「這回輪到我上場啦，你們都先歇歇吧。」

面對士兵扔過來的一大堆火球，「不怕熱」赤著腳輕輕鬆鬆地一腳踩滅一個，同時還要一直抱怨：「就這麼一點火？太小了吧！太不夠意思了吧！」

皇帝又下令：「乾脆把他們統統都丟到海裡淹死吧！」

「五長腿」聽了，就說：「你們不用費事，我自己去吧，我早就想洗一個澡了！」

「五長腿」只走了幾步就邁進了大海，再走幾步就來到了大海的中央，可是呢，大海竟然只淹到他的腳，他搖搖頭，無奈地說：「這個水太淺啦，沒辦法洗澡了，不過，反正已經下來了，我乾脆抓一點魚好了。」

於是，他就大撈特撈，連十丈長、一百丈長的大魚也被他毫不費力地弄上來，轉眼就堆得活像一座小山。

其他幾個兄弟見「五長腿」老不回來，都有一點著急，「六大腳」說：「我去看看！」

說著，「六大腳」一腳跨出去就已經到了海邊，看到「五長腿」還在抓魚抓得不亦樂乎，就說：「五哥呀，正事還沒辦完，

你怎麼就自己一個人玩起來了？」

「正事？」「五長腿」一臉茫然，看來他還真的全忘啦。

「就是要跟皇帝講道理呀！」

這時，最小的弟弟「七大口」也來了，「七大口」很不耐煩地說：「唉呀，算了啦，皇帝怎麼可能講道理！要是講道理他就不當皇帝了！」（這句話可真是經典！）

說到這裡，「七大口」也不跟幾個哥哥商量，馬上趴在海邊，低下頭，一張大嘴，一口氣就把海水全部呼嚕呼嚕地含在嘴裡，然後回過頭來用力一噴——說時遲、那時快，海水頓時就朝皇宮沖過去，轉眼就沖倒了皇宮，把那個壞皇帝和他的手下全部都沖走了。

六個神奇成功的人 (格林童話)　　　管家琪／改寫

從前，有一個軍人，在服役期間表現得非常英勇，可是當戰爭結束退役的時候，竟然只得到三個銅元做為路費。

「這太不公平了！」軍人忿忿不平地說：「走著瞧吧！等我找到了合適的幫手，有一天，我會把這個王國裡的所有財寶都統統帶走的。」

當軍人走進森林的時候，他看到有一個人正在拔樹──你沒看錯，不是在砍樹，確實是在拔樹，而且他還拔得很輕鬆，軍人眼看他拔起六棵樹就好像是拔六片玉蜀黍的葉子一樣容易。

軍人就對這個人說：「老兄，你真厲害，你願意做我的僕人，跟我一起走嗎？我們兩個一定可以合力做一番大事。」

這個大力士同意了。於是，兩人就一起同行。

過了一會兒，軍人看到一個獵人正舉著獵槍，偏著頭，瞄著

眼，單膝著地，顯然是在瞄準什麼，但是前方並沒有看到什麼獵物。

「老兄，你在做什麼？」軍人好奇地問。

獵人回答：「在兩英里以外的地方，有一隻蒼蠅停在一株橡樹的樹枝上，我要把牠的左眼射瞎！」

原來是一個神槍手。軍人很高興，馬上又吸收他做為僕人。

三個人同行，走了一會兒，看到一個怪事；他們看到七部風車正在快速地轉動，但是當時根本一點風也沒有，連樹上的葉片都不曾動一下。直到他們又往前走了兩英里，看到一個人坐在樹上，正用手按住自己的一個鼻孔，然後用另外一個鼻孔噴氣。

軍人朝他打招呼：「老兄，你在上面做什麼啊？」

「我在讓七部風車轉動啊，」這個人回答：「距離這裡兩英里以外的地方有七部風車正在轉個不停，就是我讓它們旋轉的，你們剛才過來的時候應該看到了吧？」

「看到了，」軍人說：「跟我們一起走吧，我們四個人在一起一定可以做一番大事。」

四個人前進了一會兒，碰到一個人，正把自己的一隻腳拆下來放在一邊。

　　「老兄，你這是幹嘛呀？」軍人又上前去打招呼；因為，不用說這肯定又是一個奇人。

　　果然，這個人說：「這是為了讓我自己不要跑得太快呀！如果我是用兩隻腳來跑，那我會跑得比小鳥還要快！」（就是說他用跑的比小鳥用飛的還要快！）

　　「太好了！」軍人立刻又吸收他一起去闖天下。

　　過了不久，他們又碰到一個人，這個人好像是「戴」著一頂帽子，但是戴得很怪，只把帽子戴在自己的一隻耳朵上。

　　「老兄，你把帽子戴好一點吧，」軍人說：「這個樣子可真難看！」

　　但是，這個人無奈地說：「我也沒有辦法呀，因為這不是一頂普通的帽子，如果我把它戴正了，天空就會降下一陣很大的霜，鳥兒都會凍死的。」

　　「原來如此！」軍人說：「跟我們一起走吧，我們六個人在

一起一定能做一番不得了的大事！」

　　他們來到了首都，聽到大家都在談論一個新聞，說擅長跑步的公主向全天下的男人挑戰，說不管是誰，只要跟她比賽賽跑能贏過她，就可以做她的丈夫，但是輸了就要被砍掉腦袋。

　　軍人去打聽能不能讓僕人代跑？得到的回答是──可以，但是如果僕人輸了，他們兩個就都得被砍頭！

　　「這沒問題。」於是，軍人替賽跑家把另一隻腳裝好，跟他說：「老兄啊，我們就靠你啦。」

　　比賽規定是，出發之後要跑到一個很遠的地方，去一口井裡取水，誰先回來就是勝利。

　　於是，公主和賽跑家的手上都拿著一個水壺，槍聲一響，同時起跑。但是，彷彿才一眨眼的工夫，賽跑家就已經不見人影了！

　　他火速抵達那口井，取了水就往回跑。但是，在回程中，他突然覺得很睏，就想停下來休息一下。（有一點像〈龜兔賽跑〉啊。）

不過，為了避免自己一不小心睡得太久，賽跑家看到道路旁邊有一個動物的頭蓋骨，就把它拿來當做枕頭，心想用這樣的枕頭枕著腦袋很不舒服，這樣就不會睡過頭了。

就在他休息的時候，公主已經到了井邊，並且裝了滿滿一水壺的水，然後急急忙忙地往回跑。跑到半途，當她看到對手正在路邊睡大覺，非常高興，馬上偷偷把他水壺裡的水倒掉，然後自己趕快繼續往回跑。

幸好這一切都被那個有著千里眼的神槍手看到了，他就隔著這麼大老遠非常冷靜地開了一槍，把賽跑家頭下所枕的那個動物的頭蓋骨射得粉碎，而絲毫不傷到賽跑家。

賽跑家醒了，跳起來，看到自己的水壺空了，馬上就知道是怎麼回事，趕快先重回到井邊，重新再把水壺裝滿水，然後再次往回跑。由於他實在是跑得太快了，當他抵達終點的時候，公主還沒有回來呢。

比賽結果，軍人贏了，可是公主卻不願意兌現承諾。國王說：「乖，沒關係，我會解決他們的。」

國王說要請這六個人大吃一頓，派人把客人帶到一個房間。這個房間是特製的，實際上是一個牢籠，不但房間的地板是鐵做的，連牆壁、天花板也都是鐵做的，甚至連窗子上都還有鐵柵欄。但是由於國王他們把這個房間偽裝布置得很好，這六個客人在踏進房間的時候，並沒有察覺到這個房間有什麼不對勁。

　　士兵們把客人都帶進去，說了一聲「國王請你們先用，他馬上就來」之後，就趕快退出去，然後偷偷從外面把這個房間死死地鎖住。

　　接下來，國王下令在這個房間下面生火。顯然是想要把這六個人活活燒死。

　　六個人一開始還沒發現，只覺得很奇怪怎麼會愈來愈熱。等到他們發現被鎖在裡頭出不去的時候，這才發現國王惡毒的陰謀。

　　「不怕，」那個歪戴帽子的人說：「我終於等到可以把帽子戴正的時候啦。」

　　說著，他就把帽子好好地戴正。才剛戴正沒一會兒，房間裡

就憑空降下好大的霜，不但替他們解決了燃眉之急，甚至連餐桌上豐盛的食物也都被凍起來啦。

國王終於發現如果憑武力恐怕是怎麼也沒辦法除掉這六個討厭的傢伙，只好把軍人叫來，跟他談條件，「你說吧，你要多少黃金才肯放棄我的女兒？」

軍人說：「不多，我會派我的一個僕人來拿，他能拿多少，您就給我們多少，您看怎麼樣？」

國王心想，一個人能夠拿多少呀，聽起來確實不多，就一口答應了。

軍人接著和國王約定好在半個月以後再來拿。國王沒有多想，也同意了。

在接下來的這半個月之內，軍人幹嘛去了呢？他找人去把王國裡所有的裁縫統統找來，然後要大家合力縫製了一個超大超大的麻布袋！這個袋子縫好之後有多大呢？足足有一個房間那麼大！

而且，你一定猜得到軍人這回會要誰來幫他拿黃金——沒

錯，當然是叫那個會拔樹的大力士啊。

國王這下的麻煩大了。

（你有沒有注意到，在五個僕人之中還有一個奇人還沒有被派上用場？——對了，就是那個會用鼻孔噴氣，而且只要用一個鼻孔就能噴出超大風的傢伙。別急，他馬上就要大顯身手了。）

當國王發現幾乎整個王國的金銀珠寶都被拿走了以後，氣得不得了，立刻派出好多好多士兵要去追殺他們，這個時候，那個特別會噴氣的傢伙就說：「瞧我的！看我怎麼樣讓他們在空中跳舞！」

於是，他把一個鼻孔閉起來，用另外一個鼻孔朝那些軍隊噴氣，他才輕輕一噴呢，那些士兵一個個就已經像是紙片做的似的，統統都被吹到空中去啦。

最後，這六個人就順利離開了這個國家。果真如一開始那個軍人所說，只要他找到了合適的幫手，他就會把這個王國裡的財寶全部帶走。

六個人在平分了這些財寶之後，大家都過著快快樂樂的生

活。

（公主呢？原來那個軍人好像並不稀罕公主啊？因為最後他並沒有把公主帶走啊？）

比較一下這兩個故事，在創意上是不是有著異曲同工之妙？

國際大導演李安在執導〈臥虎藏龍〉一片的時候，曾經說過一句話：「在每個人的心中都有一個武俠夢。」套用一下這句話，我們也可以說——「在每個人的心中都有一個超人夢。」幻想一下凡人能夠無所不能，或是擁有一些不可思議的超能力，這實在是太過癮啦。特別是在日常生活中總是居於被欺負、被剝削階層的老百姓，如果能夠藉由幻想，讓那些威權人士吃吃苦頭，這大概也有一種自我安慰的作用。或許這也可以說明為什麼在民間故事中，總是那些皇帝、國王要倒楣的原因吧。

4

童話和民間故事的不同

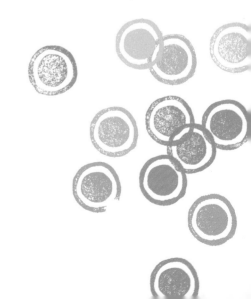

首先，我們要先把兩個詞弄清楚，一個叫做「廣義」，一個叫做「狹義」。比方說，如果我們說「人」或「人類」，這都是一種「廣義」的定義，其中包括了男人，也包括了女人。可是如果我們只單單講「男人」，這個詞就是只是指男人，裡頭不可能包括了女人。反過來也是一樣，當我們講「女人」的時候，所談的就只是女人，其中不可能還包括了「男人」。

　　如果我們以廣義的定義來看「童話」這個詞，那麼，神話、民間傳說、民間故事統統都可以歸類在「童話」的範圍，但是，如果我們是以「狹義」的定義（或者說是以更精準的說法）來看「童話」，那麼，「童話」和「民間故事」就有所不同。

　　怎麼個不同呢？最大的不同就是——民間故事是一代一代的人們所傳下來的；童話則是經由作者（不管是大朋友或是小朋友）自己所創作出來的（也就是發揮自己的想像力，自己所想出來的。）

　　「童話」這個文體的成熟是在十九世紀下半葉的事，也就是距今一百多年以前，但是民間故事可是隨著人類文明的發展所自

然同步發展出來的，就歷史而言那可是要久得多啦；也可以這麼說，「童話」是從民間故事中所慢慢提煉出來的。

說到這裡，我們一定要先認識一個人，那就是被譽為「現代童話之父」的安徒生。

安徒生（1805-1875），出生於丹麥中部富恩島上的奧登賽小鎮。他的父親是鞋匠，母親是洗衣婦。在安徒生十一歲那年，父親就過世了。安徒生在童年時期，家境非常貧困，但是這也奠定了他「一定要力爭上游」的人生觀。

安徒生從小就很有文藝天賦，十四歲那年就懷抱著一個文學夢，隻身前往首都哥本哈根去闖天下。他寫劇本、寫詩、寫遊記，慢慢地有了一定的名氣。在他三十歲這年，他做了一個重大的決定：這年年初，他在信中告訴朋友：「我現在要開始寫給孩子們看的童話了，我要爭取未來的一代。」並且說：「我認為，這才是不朽的工作呢。」

就在這一年，他的第一本童話集《講給孩子們聽的故事》問世，裡頭收錄了〈打火匣〉、〈小克勞斯和大克勞斯〉、〈豌豆

上的公主〉、〈小意達的花〉等四篇作品，在這四篇作品中，前
面三篇都帶有明顯的民間故事的色彩。

我們現在不妨就來看看〈打火匣〉這個故事。

打火匣　　安徒生／原著　管家琪／改寫

一個剛剛退伍的士兵，背著行囊，掛著佩刀，沿著大路很神
氣地走著。

不久，他遇到了一個年老的女巫。怎麼知道她是女巫呢？因
為她的模樣很可怕，下巴一直垂到了胸部。不過，士兵很勇敢，
他不怕。

老女巫跟士兵搭訕道：「嗨，小夥子，想不想發財呀？」

士兵說：「當然想。」

「那我可以幫你發財，」老女巫指著不遠處的一棵大樹，跟

士兵說：「看見那棵大樹了嗎？我告訴你，那棵樹是空心的，你只要從樹洞溜下去，就可以一直溜到樹底，我可以拿一根繩子繫在你的腰上，放你下去，等你叫我的時候我就拉你上來。」

「我為什麼要下去？」士兵問。

「下去拿錢啊。」

接著，老女巫就把樹洞底下的情形詳細描述給士兵聽。然後，給了士兵一件藍格子布的圍裙，就把士兵從樹洞放了下去。

士兵一到了底部，發現這裡果真就像老女巫所描述的那樣，可以看到一條很寬大也很明亮的走廊。向前走了幾步，他看到老女巫所形容的三個門。

士兵打開第一扇門，房間中央果然有一個大箱子，箱子上坐著一隻狗，牠的眼睛很大，大得就像一對茶杯。士兵按照老女巫教他的那樣，用很快的速度把藍格子布圍裙鋪在地上，然後趕快把那隻狗抱起來放在圍裙上，接著，他就可以打開箱子，裡頭果然都是銅鑄的錢。

士兵拿了一大堆銅錢，心想，那第二個房間和第三個房間

裡頭一定也正如老女巫所說的那樣是銀幣和金子了。不過，這也意味著，坐在裝滿銀幣那個箱子上的狗，眼睛會有如火車輪那麼大，坐在裝滿金子那個箱子上的狗，眼睛更不得了，將會有如圓塔那麼大！不過，士兵不怕，他還是按照同樣的辦法，進了房間之後，先趕快把那件圍裙鋪在地上，再把那些眼睛大得嚇人的狗放在上面，這樣就可以了。

最後，士兵放棄了銅錢和銀幣，而專門拿金子，畢竟金子是最值錢的呀。他拚命地裝呀裝呀，把行囊和衣服所有的口袋都裝滿了，這才去拉繩子，並且喊道：

「老婆婆，快拉我上去吧！」

「你拿到打火匣沒有？」老女巫在上面問道。

「打火匣？哦，差一點忘了。」

一開始，當老女巫說可以讓士兵發財的時候，士兵就問過老女巫：「那我該怎麼酬謝妳呢？」當時，老女巫說：「不必，我不要錢，我只要你幫我一個忙，把我祖母忘記在那下面的一個舊的打火匣拿上來給我。」

於是，士兵趕緊回去找到了打火匣，然後讓老女巫把他拉上去。

　　士兵一回到大路上，還沒站穩，老女巫就急著向他伸出手：「快把打火匣給我！」

　　「等一下，」士兵問道：「妳先告訴我，妳要這個打火匣幹什麼？」

　　「不幹什麼，剛才告訴過你了，這是一個紀念品，是我祖母忘記了掉在那裡的。」

　　「騙人，我才不信，這麼多金子妳都不要，偏偏要這個舊舊的打火匣，可見這打火匣一定比金子還要珍貴！快說，它到底有什麼用處？」

　　「就不告訴你。」

　　「好，」士兵拔出了佩刀，「妳現在有兩條路，再不說，我就砍了妳的腦袋！」

　　老女巫還是不肯透露打火匣的祕密，結果，士兵就真的一刀砍下她的腦袋，然後把所有的金子都用老女巫的那條圍裙包起

來，像一個包裹一樣地背在肩上，再把那個他不知道有什麼用處的打火匣隨手塞進包包裡，就往城裡走去。

（那個老女巫其實真的滿倒楣的啊。）

到了城裡，士兵住在最好的旅館裡，要了最好的房間，又去買了很多最好的衣服，每天都吃著最好的食物。他超級浪費，但是他不怕，反正他有的是錢。

他又非常地慷慨大方，很快地身邊就聚集了一大堆狐群狗黨，每天都陪著他吃吃喝喝，當然，都是他付帳。

有一天，在閒聊中，大家說起這個王國的公主是多麼多麼的漂亮，又是多麼多麼的可愛。

「在什麼地方才能看到她呢？」士兵好奇地問。

「你看不到的，沒人看得到，」朋友說：「因為很久以前有一個預言，說公主將來會嫁給一個普通的士兵，這讓國王沒有辦法接受，所以他把公主藏在一幢寬敞的銅宮裡，四周還有好幾道城牆，除了國王，沒人可以進去。」

「這可真是一件怪事。」士兵心想。

不過，他也沒有再去多想什麼，繼續高高興興、痛痛快快地過日子。

　　直到過了一段時間，由於一直「只進不出」，再多的錢終於也被他花光了，然後呢，那些跟他稱兄道弟的朋友也統統都不見了。

　　他不得不從旅館裡搬出來，住到一棟房子的閣樓裡。

　　一天晚上，他窮得連蠟燭也買不起了，忽然想起還有一根燭頭裝在那個打火匣裡，所以就把打火匣拿出來。誰知，就在他才剛剛擦了一下打火匣，火星剛剛冒出來的時候，他在樹洞底下看過的那隻眼睛像茶杯一樣大的狗狗就忽然出現在他的眼前，並且還開口問他：「我的主人，請問有什麼吩咐？」

　　「嘿，原來如此！原來這個打火匣還有這樣的妙用！」士兵很高興，就跟狗狗說：「去替我弄些錢來。」

　　狗狗很快地就啣了一袋銅錢回來。

　　「剛才我是劃一下打火匣，如果我劃兩下會怎麼樣？」士兵很好奇。

經過實驗，他發現原來劃兩下可以把那隻坐在銀幣箱子上的狗狗叫來，劃三下就可以把那隻坐在金子箱上的狗狗叫來，這實在是太棒啦！

士兵又有錢了，又可以住到漂亮的房間裡去，又可以穿漂亮的衣服、吃著超奢侈的食物，之前都假裝不認識他的朋友現在也都又認得他了。

有一天晚上，士兵想起了那個神祕的公主，便拿出打火匣，劃了一下。

眼睛像茶杯一樣大的狗狗出現了。「我的主人，請問有什麼吩咐？」

「不好意思，我知道現在已經很晚了，但是我想見一下公主。」

這有什麼問題！不一會兒，狗狗就馱著熟睡的公主回來了。

公主真的很美，美得令士兵情不自禁地吻了她。

第二天早上，公主告訴王后，說她昨天晚上做了一個很真實的夢，夢到一個士兵和一隻狗，那個士兵還吻了她。

當天晚上，王后特地派了一個宮女守在公主的床邊。到了半夜，突然出現一隻大狗，眼睛大得嚇死人，馱著公主就跑。不過，這個宮女也很勇敢，就在後面拚命追，一直追到一棟豪華的房子前面，狗狗和公主一下子就消失了，宮女不敢一個人追進去，就趕快拿著一個粉筆在門上畫上一個叉叉。然而，等到天亮，國王氣急敗壞地派人要來捉拿那個神祕人物的時候，發現這一帶的房子每一戶的大門上都畫了叉叉。原來，士兵一大早發現自己的大門上被畫了叉叉，知道被做了記號，於是趕緊把附近的房子大門也統統畫上叉叉。

　　聰明的王后又想出一個辦法，她叫宮女縫製一個很精緻的小袋子，繫在公主的身上，袋子裡裝著細細的蕎麥粉，然後再把袋子剪一個小洞，這樣不管公主去了哪裡，沿路就會留下記號。

　　靠著這一招，士兵終於被抓住了，而且馬上就被丟進大牢。國王宣布第二天就要絞死他。

　　第二天，士兵從牢裡的小窗聽見外面非常熱鬧，又有鼓聲，又有百姓的喧鬧聲，顯然大家都準備要去刑場。

有一個小孩正要從小窗前跑過去，士兵趕快叫住他：「喂，小鬼，急什麼！我還沒有去刑場之前，你什麼也看不到呀！快！快幫我回去把我的打火匣拿來，我給你一角錢！」

　　很快地，孩子真的替士兵把打火匣拿來。現在，士兵什麼也不怕了。他一口氣把三隻大狗統統都叫了出來！

　　最後，靠著三隻大狗的幫忙，士兵不但逃過了死刑，還如願以償地和美麗的公主結了婚，甚至還當上了國王呢！

　　婚禮一連舉行了好多天。三隻大狗始終都守在新王的身邊，睜著牠們的超級大眼，保護著新王。

　　這是安徒生很早期的童話作品，連他自己都說過裡頭有著民間故事的色彩。

　　有哪些呢？比方說，打火匣的作用就很像《一千零一夜》中〈阿拉丁與神燈〉中的那個神燈，阿拉丁一擦神燈，裡頭就會冒出一個精靈，而士兵一擦打火匣，裡頭就會冒出神奇的狗狗，只不過神燈中的精靈只有一個，打火匣最多卻可以叫出三隻大

狗；在門上畫叉叉做記號，也很像《一千零一夜》中〈阿里巴巴與四十大盜〉、以及《格林童話》中〈藍燈〉的情節；用袋子中露出的蕎麥粉沿途做記號，則很像《格林童話》中〈韓森與葛娜德〉（也就是〈糖果屋〉）裡頭的情節。

在創作的時候，要完完全全地無中生有是非常非常困難的。你看，就連安徒生在早期也曾經從民間故事中吸收過營養，然後從中孕育出自己的作品，可見多讀傳說和民間故事，對於我們進行童話寫作是相當有幫助的。事實上，如果多讀讀古典的、廣義的童話，對於我們來欣賞現代作家的作品也會很有助益，譬如小朋友都很喜歡的「哈利波特」系列，裡頭其實就有不少希臘羅馬神話故事以及英國古典童話的色彩。

從〈小意達的花〉這一篇開始，安徒生的童話作品就展現出強烈的原創性（就是說幾乎都是他自己無中生有、幾乎都是他自己的腦袋瓜所想出來的），也就是說不必再依靠民間故事了，他可以完全憑空想像，所以，壞掉的玩具（〈小錫兵〉）、老路燈（〈舊路燈的獨白〉）、聖誕樹（〈小杉樹的一生〉）、蠟燭

（〈大紅燭與小白燭〉）、豌豆莢（〈豌豆莢裡的五粒豆兒〉）等等，都變成了他童話作品中的主角。當然，安徒生也開創了不少嶄新的角色，比方說，美人魚（〈人魚公主〉）、白雪皇后（〈白雪皇后〉），或是把真實世界中的喜怒哀樂用童話的方式來加以詮釋，譬如，謳歌母愛的〈一個母親的故事〉、對弱勢群體充滿同情的〈賣火柴的小女孩〉、解析群體的瘋狂與愚昧的〈國王的新衣〉等等。

安徒生大大地開拓了童話的視野，豐富了童話的創意和文學性，所以被世人尊稱為「現代童話之父」。雖然安徒生離開人世已經一百多年了，但是他在童話國度的地位至今還沒有任何人可以取代。

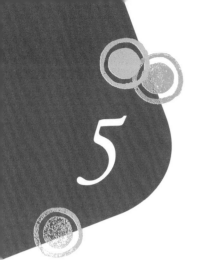

立刻就能上手的
童話寫作

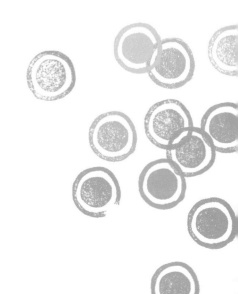

也許你會想，說「立刻就能上手」，會不會有一點誇張啊？其實，不會的，以下我分四個小節（也就是從四個方向）所闡述的童話寫作技巧，都並不高深，確實都是很容易就可以著手的。

技巧1 童話改寫

我們在看故事的時候，總不免會對有些故事特別地有意見、有想法，這些都是最好的創作靈感。管阿姨看過很多很多小朋友的故事改寫，有一個故事是最常被大家拿來大做文章的，要不要猜猜看是什麼故事？

答案是，〈龜兔賽跑〉。我想可能是因為這個故事實在是有一點太沒說服力了吧？很多小朋友一定是想，兔子再怎麼驕傲、再怎麼半路愛睡覺，也都不應該跑不過烏龜吧。

下面我們就來看看幾篇小朋友的作品，都是針對〈龜兔賽

跑〉來做發揮的童話作品。

龜兔賽跑2　　江夢樂（三年級）

經過上次比賽以後，兔子一直不服輸，兔子又向烏龜發起挑戰書了。

烏龜同意了，但是他說，比賽的地方要由他來決定。

兔子說：「好的。」

於是，烏龜帶兔子來到一棟八十八層樓高的摩天大廈，然後對兔子說：「我們就在這裡比賽，看誰能從一樓最快到八十八樓。」

比賽開始。當兔子已經蹦蹦跳跳地到了六樓的時候，烏龜還在一樓。

但是，烏龜一點也不急。他跟著大家一起等電梯。等到電梯

來了，他也就一下子就到了八十八樓。

　　等到兔子終於爬到八十八樓的時候，看到烏龜已經坐在那裡休息，簡直不敢相信！

　　這次的比賽，烏龜又勝利了。

　　兔子垂頭喪氣地回到家。他怎麼想也想不明白，為什麼烏龜又會贏了呢？

管阿姨賞析

原本是平地的比賽，夢樂小朋友卻變成是「高度」的比賽，看誰最先到達頂端，這個想法本身就很有趣，何況夢樂處理得也不錯，尤其是結尾，烏龜當然知道是怎麼回事，讀者也知道是怎麼回事，大家都知道烏龜是怎麼贏的，只有故事中的兔子不知道，這就為作品增添了很大的喜劇色彩。而最後一句──「他怎麼想也想不明白，為什麼烏龜又會贏了呢？」則在喜感之中，又為整篇作品提供了一個開放的結尾，留給讀者很多想像；這樣的處理顯然比直接說明白是怎麼回事（也就是讓兔子恍然大悟明白了是怎麼回事）要好得多。

教師節版龜兔賽跑　　　林合成（三年級）

　　今天是教師節，這可是大象老師的節日哦，為了慶祝教師節日，全森林裡的動物都忙這忙那的，去準備這個盛大的教師節晚會。如何給教師節送上一份獨特的禮物呢？小白兔和烏龜絞盡腦汁，最好獨樹新幟，決定再進行一次龜兔賽跑。

　　一大早，森林裡就人頭鑽動，都想看看烏龜和兔子在經過上次的比賽之後，誰是最後的冠軍。

　　起先，兔子吸取上回慘敗的經驗，一開始就奮力跑步，把烏龜遠遠地甩在後面。烏龜也奮力追趕，但和兔子的距離愈來愈遠，幾乎看不見兔子了。

　　終點就在前面了，兔子看看烏龜還在後面慢慢地跑，她在心裡默默地為自己加油：再堅持一會兒，我就是冠軍了。突然，兔子的腳底傳過來一陣劇痛，她一個踉蹌，栽倒在地。她低頭一

看，原來腳板不小心踩到了修路工人遺留的鐵釘，她痛苦地叫了一聲，就暈倒在地上。哈哈，原來兔子有嚴重的貧血。

烏龜在後面正使勁追趕，看到兔子突然暈倒了，就大聲叫著：「兔子姊姊暈倒啦，快幫忙啊！」大家齊力合作把兔子快速地送到了醫院包紮傷口。

最後大象老師來了，看見自己的學生為了幫忙祝賀自己的節日而受傷了，非常感動，他激動地說：「你們都是冠軍！兔子是因為慶祝教師節參加比賽才會受傷的，而烏龜雖然跑得慢，但是願意幫助競爭對手，這份精神也難能可貴。所以，你們都是冠軍。」

小朋友們，你們認為誰是冠軍呢？

管阿姨賞析

　　本來凡是有競爭就好像總是要爭個你死我活，但是合成小朋友把這篇故事處理得充滿了友情，這就成了這篇作品最大的特色。和上一篇〈龜兔賽跑2〉有些類似的是，結尾也是屬於「開放式的結局」，不過不太相同的是，由於小作者已經用大象老師的口氣和角度宣示了兔子和烏龜都是冠軍，而老師向來又是一個比較權威的角色，因此儘管小作者在結尾詢問讀者，要讀者來判定誰是冠軍，實際上讀者恐怕多半都還是會贊同大象老師（其實也就是贊同小作者）的看法，這麼一來，「開放式的結局」所能發揮的空間就不會太大了。

龜兔賽跑續集　　　李　鍵（六年級）

　　自從兔子跟烏龜比賽跑步輸了以後，兔子一直很不服氣，決定再跟烏龜比賽一次。一天，兔子走在熱鬧非凡的大街上，碰巧，兔子遇見烏龜，就說：「烏龜，能不能再跟我來一次跑步比賽？」烏龜驕傲地回答：「比就比，誰怕誰啊！」

　　他們來到指定的地點，大家都推薦大象做為裁判。烏龜跟兔子站在起跑線，「各就各位，預備……跑！」只聽大象高聲叫道。周圍的叫喊聲不一樣了，以前是幫烏龜加油，而現在變成了幫兔子加油，兔子像離弦的箭一樣向前衝去，可是烏龜卻不慌不忙地走著，心想：「兔子肯定跑到中途，又會呼呼大睡起來，趁兔子睡覺的時候，我就使出吃奶的力氣跑過去，衝向終點。」

　　可是兔子跑呀跑呀，遇到了一條大河，便使出九牛二虎之力向前蹦去，繼續向前衝，還有一段路就到達終點了。於是烏龜

也開始發威，他也遇見了這條河，他便游了過去。這時烏龜覺得跑得太累了，就躺在樹蔭下，津津有味地睡起覺來。時間一分一秒地過去了，兔子終於跑到了終點，但是烏龜還在睡覺。當他聽見「兔子萬歲！兔子萬歲！」的呼喊聲，才從睡夢中醒來，睜開眼睛，看見太陽都落下了山坡，聽見烏鴉的叫聲，冠軍屬於兔子了。烏龜後悔莫及，大哭了一場。

在以後的日子裡，烏龜學會了謙虛，懂得了「謙虛使人進步，驕傲使人落後」的道理。

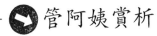

管阿姨賞析

　　這篇作品跟原本的故事扣得很緊，只是角色互換，小作者的文筆很生動。在這個故事中，驕傲的變成了烏龜，半路睡覺的也變成了烏龜，所以兔子就成了贏家，這樣的安排證明了一個真理，那就是——不管是誰，永遠都是「謙虛使人進步，驕傲使人落後」。

　　在故事結尾明確點出「教訓」，這也是民間故事經常慣用的手法，當然，有的人認為這樣會增加作品的深度，但是也有的人會認為這樣會比較死板，這可能就是見仁見智了吧！

龜兔賽跑後傳　　高希成（五年級）

　　〈龜兔賽跑〉的故事大家都看過吧！你知道後來的故事嗎？欲知詳情，請看〈龜兔賽跑後傳〉。

　　自從兔子輸給烏龜之後，真是又後悔又不甘心，整天吃飯不香，睡覺不酣，總想著和烏龜再比一場，挽回面子。

　　這次兔子不再驕傲，不再偷懶了。天濛濛亮就起來練習跑步，從不間斷。夏天，太陽火辣辣的，他頂著酷暑跑得汗流浹背。冬天，大雪紛飛，天寒地凍，別的動物都冬眠了，可兔子卻冒著風雪堅持跑步，在白茫茫的雪地裡，一條長長的兔子腳印一直通向山頂。

　　烏龜知道兔子為了挽回面子，正在加緊訓練，想再比一場，心中七上八下。烏龜明白自己的生理缺陷——腳短，不擅長跑步。怎麼辦呢？忽然，烏龜的腦海中閃過一個念頭：「高科技！

對！用高科技來對付兔子！」於是，烏龜到書店買了很多書，有動物方面的、化學方面的，各方面的書都有，裝了滿滿一箱子。

烏龜在書上看到了一項高科技產品——磁浮列車，深受啟發，心想，像這麼大的列車裝上磁浮發動機後，每小時都能開三百多公里。我也做一個超微型磁力離心器，肯定能行。

烏龜經過了幾十次的失敗，終於試驗成功了一台磁力離心器。他把它放在自己的肚皮底下進行試驗，打開開關，發現磁力太小，不能離開地面。可是烏龜不灰心，繼續改進。第二次磁力太大了，烏龜一下子升到半空中掉了下來，差點摔傷。通過再一次的調整測試，烏龜終於成功了，他剛好離開地面，而且那個位置別人不容易發現。

可以離開地面了還不行，必須要有動力才能前進。用什麼能源呢？汽油，不行，油箱太大容易暴露；柴油，也不行，廢氣太大，別人也會發現。對！核能。於是烏龜設計出一個超微型核電池，裝在磁力離心器裡。在測試的時候，一會兒火力很大，控制不住，一會兒火力很小，與烏龜自己爬沒什麼區別。最後，烏龜

又設計出了一個智能調速器，它會按照你的意念自動變速。高科技的磁力離心器終於製造成功了，烏龜等著兔子來挑戰了。

比賽的日子到了，烏龜和兔子又站在同一個起跑線上了。一開始，他們兩個旗鼓相當。可是，漸漸地兔子體力不支落後了，但他還是緊追不捨，拚命追趕。因為兔子落後太多，最後還是烏龜得勝。

這回兔子敗在了高科技的手下，不得不說：「佩服，佩服！」但他心裡卻想著：「神氣什麼，回去我也去書店買幾本書回來學習學習，下次再和你比！」

欲知後事如何，請看下回分解。

　　這篇作品的內容相當豐富，無論是對於兔子或是烏龜的努力都做了相當充分的描寫，而烏龜致勝的祕訣又很有時代感，同時還有一種難得的合理性，是啊，烏龜憑什麼能夠贏過兔子呢？如果憑著高科技，這就很說得通了。最後，同樣也是留下一個還頗有餘味的結尾，也是一個不錯的安排，而且看來「龜兔賽跑」這個主題，本身就很像是一個「說不完的故事」，似乎永遠都可以繼續往下發展。

　　瞧，以上四個小朋友，一定都是在看了〈龜兔賽跑〉這個故事以後，心裡冒出了一個大大的「？」，烏龜跟兔子賽跑，就算兔子驕傲自大，就算兔子愛睡懶覺，也不可能會輸吧？就算輸了，兔子一定會很不服氣，那接下來又會怎麼樣呢？

這個「？」，應該說就是「讀後心得」，讀了這個故事之後的意見，往往就是一個很棒的靈感，把這個靈感好好地再想一想，所謂的「琢磨」或是「醞釀」一下，就會是一篇不錯的作品。

為什麼說「琢磨」呢？「琢」就是「雕刻玉石」的意思，「琢磨」則是指「雕琢以後再磨光」。《詩經》上有「如琢如磨」這四個字，於是「琢磨」這個詞就被引申成「再求精細」的意思。還有一句話叫做「玉不琢，不成器」，因為我們看到的這些漂亮精緻的玉鐲、玉墜、玉戒等等，都是玉匠們花了很長很長的時間慢慢磨出來的，原來啊，「玉」其實本來也就只是石頭而已，需要很長時間的細心打磨才能變得那麼漂亮。

而「醞釀」呢？也是跟「時間」有關。在酒的製造過程裡，「時間」是一項很重要的因素，有一句話說，酒是「愈陳愈香」，什麼叫做「陳」呢？「陳」就是年代很長的意思。所以，那些對於喝酒比較講究的人都很重視酒的年份，希望能盡量挑一些老酒，就是說酒的生產年份如果距離現在愈遠，比方說是二十

年前、三十年前……那就表示這個酒的品質愈好，味道更香。

　　當我們在寫作的時候，「時間」也是很重要的。其實，每個人都有過突然「靈光一現」的經驗，就好像卡通片裡在某一個人物的腦袋上方突然出現了一個電燈泡一樣，這個時候，如果我們不趕快抓住這個「電燈泡」（比方說趕快記在一個小本子上），它很可能馬上就會消失得無影無蹤了。而有了一個「靈感」（或者說是「點子」，就是那個「電燈泡」）是很難得的，這個時候我們一定要珍惜，一定要花時間好好地、很有耐心地來想一想，好好地「琢磨」和「醞釀」，把這個靈感做最好的處理。

　　此外，其實也有不少大朋友（就是兒童文學作家）大概對〈龜兔賽跑〉這個故事也存有「？」，所以也有不少以此來發揮的故事。

　　現在，管阿姨就講一個好玩的故事給大家聽，這是德國作家貝希施泰因的作品，題目叫做「兔子和刺蝟賽跑」。

　　這個故事大概是這樣的：

有一天，住在布克斯特草原上的刺蝟先生一大早就心情很好地出門散步，想去看看附近甘藍菜的菜田。半路上，碰到了傲慢的兔子先生。

　　（奇怪，兔兔的樣子明明這麼可愛，為什麼在故事裡的形象卻總是這麼不好呀？）

　　兔子先生問刺蝟先生，你一大早在田裡跑來跑去的幹什麼啊？刺蝟先生回答說，我在散步。散步？兔子先生大笑，你這樣也叫做散步？我看你還是用你的短腿去做一點更好的事情吧。刺蝟先生一聽，很生氣，因為他天生腿短，向來是最討厭人家笑他短腿了！於是，刺蝟先生就說，你別以為你的腿就有多棒，我敢打賭，如果我們兩個來比賽賽跑，我一定會贏過你的！

　　兔子先生一聽，笑得都喘不過氣來啦，直說這怎麼可能嘛！刺蝟先生說，老兄啊，如果你這麼有自信，我們就來比比看好了。

　　好啊，我們就來比比看吧！兔子先生滿口答應。兩

個人還以一塊金幣和一瓶燒酒做為賭注。

不過，就在兔子先生準備要「痛宰」一下不知道天高地厚的刺蝟先生的時候，刺蝟先生說，我們過半個小時以後再比吧，因為我還沒吃早飯哪，我現在肚子餓得厲害。兔子先生說，哈哈，沒問題，我要讓你輸得心服口服，那我們就半個小時以後在這裡碰面。

刺蝟先生回到家，馬上衝著妻子大叫，老婆，快跟我到甘藍菜田裡去，我要跟兔子賽跑！

刺蝟太太一聽，大驚失色，連連說──什麼？你瘋了嗎？你跟兔子賽跑？你怎麼可能贏得了！

刺蝟先生說，妳別管那麼多，妳只要聽我的安排，我們就可以給那個狂妄無禮的兔子一個教訓！待會兒我們會在甘藍菜田裡賽跑，兔子在一條犁溝裡跑，我在另一條犁溝裡跑，我們從上面往下跑，妳呢，什麼也不用做，妳只要待在犁溝裡，等妳聽到兔子衝過來的時候，妳就趕快大叫一聲「我已經在這裡了」就行了！

半個小時以後，刺蝟先生回到甘藍菜田的上方。與此同時，刺蝟太太則在甘藍菜田下方的犁溝裡蹲著。

　　不一會兒，比賽開始，兔子先生就像一陣風似地順著犁溝衝下去，刺蝟先生呢，他只跑了兩步以後就蹲下來了。

　　兔子滿心以為肯定是自己先抵達終點，萬萬沒有想到，當他快要抵達終點的時候，居然聽到刺蝟先生大叫，我已經在這裡啦！

　　什麼？刺蝟先生居然會比他還要快？已經到了？這怎麼可能！兔子先生不服氣，馬上說，不行！我們重來！

　　「刺蝟先生」說，好啊，重來就重來。其實啊，兔子先生不知道，刺蝟夫妻倆不僅模樣幾乎一模一樣，連聲音也都非常相似，所以，他以為現在是刺蝟先生在跟他說話，實際上是刺蝟太太。

　　於是，兔子先生又和「刺蝟先生」從犁溝下方往上

跑。

如果說兔子先生剛才第一次跑的時候還沒有把實力全部使出來，那他這一次可是全速衝刺。可是，就在他快要跑到上方的時候，竟然又聽到刺蝟先生說，我已經在這裡了！

這怎麼可能啊？兔子先生簡直快要氣瘋了，大呼不可能不可能！重來重來！

結果──（這個故事對兔子先生來說實在是有一點悲慘）──在一連比了七十三次都是刺蝟先生獲勝之後，兔子先生沒能跑完第七十四次；在第七十四次比賽中途，兔子先生跑到一半就倒下來活活地累死了！

然後，刺蝟夫妻倆就拿著贏來的金幣和燒酒，高高興興地回家去了。

而且，今後再也沒有任何兔子敢再跟布克斯特草原上的刺蝟賽跑了。

好，〈兔子和刺蝟賽跑〉這個故事講完了，好玩嗎？是不是覺得會讓你聯想起〈龜兔賽跑〉這個故事呢？我們雖然不能那麼肯定作者在創作這個故事的時候一定是想針對〈龜兔賽跑〉這個故事發表一點什麼意見，或是刻意想要做一點什麼發揮，但是，我們讀的每一篇、或每一本故事，其實都會很自然地進入我們的腦海，也許什麼時候在大腦裡頭醞釀成熟，就會突然冒出來，這就是靈感了。

而在閱讀很多古典童話的時候，當下立刻產生的「？」，或是針對這個故事有不同的意見，那就是更直接的創作靈感。

我們再舉一個例子。這個故事或許大家也都很熟悉，這是一個日本的民間故事，叫做〈老鼠開會〉：

故事是說，一天，一隻老老鼠把所有的老鼠統統召集起來，大家聚在天花板上開會。

　　當老老鼠一宣布開會的主題是有關貓的事情，老鼠們一聽到「貓」這個字，馬上就都嚇得渾身發抖，一隻說，昨天我家的孩子才剛被那隻貓給抓走了，一隻說，今天早上鄰居的老伯伯也被貓給抓走了，然後大家都說，這隻貓實在是太可怕、太厲害了，總是神不知、鬼不覺地就突然出現，一點聲音也沒有，然後只要當那隻貓一跟我瞪眼睛，我恐怕就渾身癱軟，想逃也逃不成了……

　　這時，老老鼠就清清嗓子，鄭重其事地告訴大家，所以，我終於想出一個好辦法來了！只要我們在貓的脖子上掛一個鈴鐺，當貓接近我們的時候，我們一聽到鈴鐺聲，就可以趕快逃走，這樣貓就再也抓不到我們了！

　　大家一聽，都說，耶，這個點子真的很棒耶！貓一動，鈴鐺就響，我們就可以趕快逃走，我們就安全了！

耶，不怕貓了，終於可以不怕貓了！

可是，就在這時，一隻蹲在角落裡的小老鼠一邊發著抖、一邊問：「可是，誰去把鈴鐺掛到貓的脖子上呢？我可不敢，如果我去的話，恐怕還沒等我把鈴鐺掛到貓的脖子上，我就會被貓抓起來吃掉的！」

一聽小老鼠這麼說，大家都立刻停止歡呼，紛紛陷入了沉思，都在想，是啊，誰去把鈴鐺掛到貓的脖子上呢？我可不敢！

就這樣，明明是一個很棒的點子，還是實現不了啊。

（管阿姨覺得這個故事和安徒生的〈國王的新衣〉有一種異曲同工之妙，那就是──只有小孩子會說真話啊！）

英雄外傳　　管家琪

　　經過長久以來反覆的討論，老鼠們終於想出一個對抗惡貓的妙計。那就是——在惡貓的脖子上綁一個鈴鐺；這麼一來，大家只要一聽到清脆的鈴鐺聲，立刻就能得知惡貓的動向，然後運用足夠的時間逃之夭夭。

　　大家一致認為，這個辦法實在是太聰明了，堪稱足以充分彰顯老鼠智慧的代表作。

　　接下來的問題是——該由誰去綁這個鈴鐺？

　　金色的鈴鐺打造完工已有好些時日了，但是因為執行任務的人選遲遲無法誕生，只得孤零零地被擱在廣場中央。

　　老鼠國王暗地發愁：「這樣下去可怎麼得了？浪費了那麼多的預算開會，又浪費了那麼多的預算製作鈴鐺，到頭來對抗惡貓的計畫眼看就要變成泡影了！」他把大家召集到廣場，發表了一

篇感人肺腑的演說。

「我們需要一個勇士！老鼠族的興亡全都掌握在他的手上！」國王慷慨激昂地張開雙臂，「勇士在哪裡？」

大家一個個都默默地低下頭去。

既然勇士難求，組成一支敢死隊──不不不，應該說是突擊隊──大概會比較容易吧？

國王暗自盤算一番，然後重新在廣場貼出一張告示：「凡是有勇氣、有膽識的成年老鼠，都應立即加入突擊隊。」

阿三是一隻成年老鼠，他平日對一切事務都漠不關心，最大的興趣就是躺在河邊，用尾巴釣魚。不過，這可不表示他淡泊名利，相反的，阿三非常地好面子；每年的釣魚比賽，他都搶破頭非要搶到獎杯不可。

這天，釣魚回來，阿三無所事事地閒逛到廣場，看到黑壓壓的一片，全在嘰嘰喳喳，議論紛紛。他湊上前去看到告示：「凡是有勇氣、有膽識的成年老鼠，都應立即加入突擊隊。」

阿三心想：「突擊隊？突擊隊是幹嘛的？管他呢，我可不能

讓別人以為我沒勇氣、沒膽識。」

於是，他大叫一聲：「我加入了！」

四周立刻靜寂下來，大家都紛紛轉頭驚訝地看著他，把阿三嚇了一跳。他才剛嘟囔一句：「怎麼回事？」四周就已爆出一片熱烈的歡呼聲：「勇士產生了！」

還有更多的喜極而泣：「阿三，你拯救了我們，你是我們的英雄！」

阿三莫名其妙地被簇擁到國王那兒，國王和藹地拍拍他的肩膀：「既然有你這樣的勇士，我想，也不必組什麼敢死隊——不不不，是突擊隊——我看你一個人去就足夠了！」

國王的話才剛說完，歡呼聲立刻響徹雲霄。

等到阿三終於弄清楚，他的任務竟是要在惡貓的脖子上綁一個鈴鐺，他嚇得渾身發抖，說不出話來。

有人說：「阿三勇士似乎有點激動，我們讓他早點休息吧！」

於是，群眾簇擁著他來到「勇士套房」。

御醫告訴他：「早點休息，明天一大早要體檢，記得要空腹，不要吃任何東西。」

「我知道該怎麼辦了！」阿三覺得看到了一線生機，「只要明天早上我假裝忘記要空腹這回事，就不能體檢，自然就不能當勇士了！」

主意打定，他私下買通了守衛，買來極為豐盛的早點，大吃特吃了一頓。御醫進來時，他揩揩滿嘴油水，故作遺憾地說：「啊，糟糕，我忘記不能吃東西才能體檢了，怎麼辦？」

萬萬想不到，御醫竟然說：「沒關係，國王交代，時間緊迫，任務第一，一切從簡，所以體檢可以免了，何況光是用眼睛看，我們就看得出你的健康狀況是一等一的。」

阿三張大了嘴，呆在原地。這時，群眾已圍上來，七手八腳地為他戴上各種裝備，等到阿三好不容易回過神來，覺得身上已有千斤重。

「慢著！」阿三大嚷，「給我戴這麼多的東西，我怎麼走路？」他心裡更想說的是：「反正是死定了，你們幹嘛不把我做

成三明治算了！」

　　聽了他的抱怨，很多老鼠立刻發出由衷的讚歎：「啊，英雄果然都是與眾不同、都是有主見的。」接著又紛紛替他解下笨重的裝備，只留下一件「防咬背心」──絕對可以防止各種老鼠的啃咬，但是可不保證能夠防止惡貓的利齒。

　　從「勇士套房」前往城門的途中，阿三不斷地企圖製造意外。他試著從樓梯上摔下來，或是撞到牆壁，或是跌到廣場的水池。總之，只要能發生任何意外，任務就可以取消了。

　　然而，由於簇擁他的人太多，不管他怎麼嘗試，都無法成功。事實上，阿三發現，由於想一睹英雄風采的人太多，他甚至被簇擁成兩腳騰空都照樣可以前進。

　　歡送隊伍一直行進到城門口，阿三心想：「不管了，丟臉也沒有關係，保命要緊！」

　　想到這裡，阿三立刻扯開喉嚨大叫：「我不是──」

　　可是，他還沒來得及把「我不是勇士！」這句話叫完呢，城門竟然已經重重地關起來了，只留下一個麻布袋，繫緊袋口的繩子

還緊緊地捆在防咬背心上；不用說，袋子裡裝了那個要命的鈴鐺。

「逃走吧！」阿三心慌意亂地想著。他拚命想扯掉麻布袋，卻愈扯愈緊。情急之餘，只好抱著麻布袋一起逃命。

叮叮噹噹才跑了一小段，就迎面遇上了惡貓。阿三頓時嚇得屁滾尿流，當場傻在原地，好不容易才擠出一絲微弱的哭聲：「救命呀！饒了我吧！」

惡貓把他捏在手裡，正要下肚，忽然發現了麻布袋，便好奇地解開，探頭一瞧──

「哎呀，好漂亮的鈴鐺，好漂亮的項鏈唷！」

阿三作夢也想不到，惡貓一瞧之下，居然會如此歡喜地叫著，而且，說著說著就自己動手把金色的鈴鐺繫在她肥胖的脖子上！

這時，稍微恢復一些神志的阿三，趁惡貓不注意，趕緊拔腿沒命地往城堡的方向奔逃！阿三一邊跑一邊回頭看了一眼正在沾沾自喜的惡貓，這才發現，她的耳朵上掛了耳環，尾巴上也有一節節的套環！阿三明白了，原來這隻惡貓是一隻喜歡打扮的貓！

就這樣，阿三奇蹟般地完成了任務，成了真正的英雄。現在，他可以成天安心地釣魚了，而且隨時還會有充滿仰慕的眼光在遠遠地望著他，欣賞英雄釣魚的英姿呢。

 管阿姨的創作心得分享

有的時候，我們所看到的「英雄」，可能只是一個誤會；在這個故事中，是出於一個什麼樣的誤會呢？這是我首先要想清楚的一個問題。我想了半天，覺得老鼠要能完成這樣的任務本來是絕無可能的，除非──是貓主動把鈴鐺給掛了起來！

整個故事其實就是從這裡所展開；只要能先定下來主人翁到底是因為一個什麼樣的理由，才能夠神奇地完成任務，整個故事就能夠成立了。

技巧2 針對某一個習俗做童話式的解釋

　　只要是習俗，就表示是由來已久，都已經成為文化的一部份。大多數的習俗都是有典故的，不過，這並不妨礙我們發揮想像，來給這些習俗一個童話式的解釋。

|故事欣賞|

是誰偷吃了元寶　　　管家琪

快過年了，狐先生又開始煩惱了。

你一定會問：「狐先生」是誰呀？是狐狸嗎？

沒錯，正是狐狸。

那麼，為什麼要稱狐狸為狐先生呢？

那是因為，在大陸膠東一帶，有許多動物都被推崇為「靈物」──就是大家所崇拜的動物，其中最受推崇的就是狐狸和黃鼠狼。大家相信狐狸和黃鼠狼有很高強的法術，為了表示敬畏，甚至不敢直呼其名，因此才會特意尊稱他們為「狐先生」和「黃先生」。

有關狐先生和黃先生的傳說很多。狐先生最痛恨的是關於大年夜的這個傳說。

這個傳說是說，如果有人得罪了狐先生，狐先生就會在大年夜，偷偷跑到他家來，把包好的水餃搬走。膠東一帶一向把大年夜的水餃稱為「元寶」，「元寶」不見了，表示今年會「破財」，非常不吉利。所以，有水餃失蹤的人家，就會急急忙忙燒香請罪，請狐先生息怒，饒了他們。

問題是，狐先生根本就沒有碰過那些「元寶」。他實在搞不懂，為什麼人家偏要說，「元寶」是他搬走的？

這天晚上，又是大年夜。狐先生吃罷晚餐，泡了一杯熱茶，

坐下來想要舒舒服服地看一會兒書。

　　忽然聞到香煙嬝嬝，他知道又有人在燒香了，馬上敏感地側耳一聽。果然聽到好多人正在非常虔誠地嘀嘀咕咕：「英明的狐先生，咱們家失蹤的水餃是您拿走的吧？沒關係，您愛吃水餃的話，不妨多吃一點。可是，您可不要生氣，害我們今年破財呀。我們愚蠢得很，實在不知道到底是哪裡得罪了您……」

　　「夠了！有完沒完哪？」狐先生簡直氣壞了，氣得七竅冒煙，「要我講幾百次你們才會相信？我根本沒有拿水餃，我討厭水餃！」

　　他從椅子上跳起來：「這真是太煩人了！到底是哪個可惡的傢伙，年年都要去偷人家的水餃，一偷還那麼多家，害我年年都要背黑鍋！」

　　他想了一想，下定決心，這個「超級大黑鍋」是再也不能背下去了。他一定要查清楚，到底是誰在搗蛋，到底是誰那麼愛吃水餃。

　　狐先生頭一個想到的，是法力和他不相上下的黃先生。於是

匆匆披上外套，趕到黃先生家，想問個明白。

結果，一到黃先生家，還沒有開口呢，黃先生就氣呼呼地拉著他去看一幅木刻畫。

黃先生氣得發抖：「你看，這幅畫是什麼意思？」

狐先生湊近一瞧。只見畫上是一隻大老鷹，抓住一個人，從那個人的頭頂吸出一隻小小的、可憐兮兮的黃鼠狼。畫旁邊還有一段文字，說這是象徵神鷹已把附在病人體內的邪氣給捉了出來，這麼一來，病人很快就會恢復健康。

「真是莫名其妙！」黃先生尖著嗓子直叫，「人家生病，關我什麼事啊？幹嘛要誣陷是我作祟？幹嘛老把壞角色都派給我們善良的黃鼠狼？而且——還把我畫得這麼醜！」

狐先生同情地拍拍黃先生的肩膀：「算了，老兄，別氣壞了身子。」

既然黃先生自己也在為背黑鍋而生氣，狐先生心想，那些神祕失蹤的水餃，應該不會是他搞的鬼了。

狐先生回到家，冷靜下來，打算仔細調查調查同樣被膠東一

帶百姓奉為「靈物」的傢伙。他翻開好幾本厚厚的《民俗學》，徹夜苦讀，終於整理出一份名單。

第二天一早，狐先生帶著名單出門拜年，計畫順便進行地毯式的訪問。

他先去問刺蝟和蛇。根據民間傳說，刺蝟和蛇到誰家，誰家就添財。他倆可說是最受歡迎的「靈物」了。

「請問你們有沒有偷拿人家的水餃？」狐先生開門見山，非常誠懇地問。

蛇瞪大了眼睛：「你沒搞錯吧？我可是鼎鼎大名的『錢龍』哪，怎麼會做這種事！」

刺蝟也說：「我要吃水餃儘管可以大大方方地拿，才不需要去偷。」

狐先生接著又去問喜鵲、燕子和蝙蝠。他們也是很多百姓所信仰的「靈物」。

他們對狐先生的問題，居然笑得樂不可支：「你一定是昏頭了吧？瞧瞧我們的嘴、我們的個子，如果要把水餃一個一個地搬

走，不累死才怪！」

　　狐先生又問了好多動物，最後，連不是「靈物」的都問了，可是始終沒有人承認偷了水餃。

　　「到底是誰呢？」狐先生就這樣鬱悶了一整年。

　　第二年，一到大年夜，他就立刻迫不及待地藏在一戶人家的廚房裡。狐先生並且還早就發動了好多狐兄狐弟、狐姊狐妹，藏在很多人家的廚房裡。所有的狐狸都發怒了，都發下重誓非要查出來，到底是替誰背了這麼多年的黑鍋。

　　這一年，他們終於有了答案。

　　原來，每戶人家的主婦在大年夜都忙著準備豐盛的年夜飯，那些神祕失蹤的「元寶」，其實都是被那些等著開飯等得肚子好餓的小孩給偷吃掉的！

管阿姨的創作心得分享

在這個故事中所提到關於「靈物」的相關資料，還有關於黃鼠狼的那幅木刻畫都是真實的，管阿姨就是在看到這些資料的時候產生了靈感。其次，既然題目叫做「是誰偷吃了元寶」，並且在故事一開始就提出了這個問題，用這個問題引起讀者的好奇，激發他們閱讀下去的興趣，那麼在故事結尾的時候就必須對這個問題給出一個合理、有趣又能讓讀者接受的答案才行，如果讀者一路興致勃勃地讀下來，到最後對於你所給出的答案卻感到不能接受，覺得你只不過是在很生硬地瞎掰，那這個故事就毀了。

誰偷了我們的罐子　　　管家琪

灶神夫婦急得團團轉，額頭上都布滿了汗珠。

你知道灶神夫婦嗎？他們就是玉皇大帝派到人間，專門負責監察人們功過的人呢，一般俗稱的「灶君公」或「灶王爺」，就是用來形容灶神的。他們的工作非常繁忙，又必須定期向玉皇大帝報告，做為天神增減凡人年壽的根據，因此必須隨時記錄，看見善行就記在「善罐」裡，看見惡行就記在「惡罐」裡。

現在可慘啦，再過幾天就是玉皇大帝定期聽取報告的日子。這天清晨，灶神夫婦一覺醒來，竟赫然發現，「善罐」不見了！

兩人瞪著丹鳳眼看了又看，不敢相信這是真的。灶神婆婆喃喃著：「怎麼會這樣呢？」

灶神則又氣又急地嚷著：「天哪！小偷居然偷到我們家來了！」

但轉念一想：「不對。」灶神一個勁兒的猛搖頭：「咱們這兒已經荒涼很久啦，誰會來偷一個破罐子？」說著說著，灶神忽然發現，咦？留下來的「惡罐」，上面什麼時候多了一張紅紙條，還工工整整地寫著「惡罐」兩個字。

　　原來，記錄凡人功過本來是灶神一個人的工作，灶神婆婆看他忙不過來，好心主動地幫他忙。再過幾天，將是灶神婆婆第一次陪同灶神去向玉皇大帝報告，灶神婆婆求好心切，不僅將報告書修飾了好幾遍，而且擔心這、擔心那，甚至擔心萬一報告時兩人將一模一樣的「善罐」和「惡罐」弄混了怎麼辦，於是趕快寫了兩張大紅紙，貼在罐子上，標明清楚。

　　「唉，你真是的，」問明來龍去脈以後，灶神忍不住埋怨，「這麼一寫簡直是此地無銀三百兩嘛──」

　　「可是，別人拿去有什麼用？我記的資料別人不一定看得懂啊！」灶神婆婆說。

　　「那更慘！」灶神憂慮得不得了，「看不懂一定索性隨手一扔，更找不回來了。」

「別這麼緊張嘛，船到橋頭自然直，一定會有辦法的。」

兩人決定分頭去找。找了一整天，毫無所獲。

灶神又開始哀號：「完蛋了！我們怎麼向玉皇大帝報告啊？」

「別急，不如這樣吧，」灶神婆婆說，「我們就稟報玉皇大帝，說自從家家戶戶改用瓦斯爐、電磁爐、微波爐以後，記錄工作更加困難，『善罐』資料還在整理中，不能帶來。」

「不行啦，」灶神苦著臉說，「他一定會說我們是忘了帶，然後罵我們『頭怎麼不會忘了帶』！」

不過，挨罵還算小事，兩人只要一想到萬一「善罐」的資料被人破解，再任意塗改，那可怎麼得了，急得不斷直冒冷汗。玉皇大帝早就警告過他們，做這樣的工作不能太心軟，不要芝麻綠豆的事情也記個不休，搞得每個人都長命百歲，難怪現在人口爆炸的問題會這麼嚴重。

夫婦倆懷著忐忑不安的心情勉強入睡。

第二天清晨，更奇怪的事發生了——原本失蹤的「善罐」竟

然好端端地出現，倒是「惡罐」又無緣無故地失蹤了！

　　灶神婆婆看見「善罐」，趕快上前檢查：「嗯，很好，一點兒也沒壞，資料也很完整。」

　　「好個鬼！」灶神急得跳腳，「現在『惡罐』又不見啦，萬一裡頭的資料被人亂改，冤枉了好人，便宜了壞人，豈不是更糟糕！」

　　夫婦倆又急急忙忙地出去找，找了一整天，還是沒有結果。

　　「不行，我們這樣像無頭蒼蠅似的到處亂找，怎麼能找得到？」灶神婆婆說，「我們應該坐下來冷靜思考。」

　　灶神仍然哭喪著臉：「怎麼思考？我想咱們只有準備被玉皇大帝『竹筍炒肉絲』了。」（注：「竹筍炒肉絲」就是孩子們口中「挨打」的意思。）

　　「別急，」灶神婆婆不斷安慰他，「依我判斷，偷『善罐』和偷『惡罐』的一定是同一個人。既然他把『善罐』送回來，應該也會把『惡罐』送回來。不如咱們倆今晚甭睡了，就躲在門後守著吧。」

「你說怎麼辦，就怎麼辦吧。」可憐的灶神，已經急得全沒了主意。他們果真躲起來，準備把那個可惡的小偷逮個正著。

　　天色漸漸黑了。一個胖胖的中年婦女經過，灶神婆婆眼睛一亮，嘿，她的手上可不就拎著「惡罐」嗎？灶神婆婆馬上衝出去，神勇地扯住那個女人的衣領：「好哇！原來是妳偷的！」一邊說，一邊就動手去搶「惡罐」。

　　沒想到，那個女人非但不還她，還立刻像殺豬似地尖叫：「救人哪！有人要搶我的醬油！」

　　灶神婆婆定睛一看，這才發現弄錯了，紅著臉拚命道歉。

　　「哼，神經病！」那個中年婦女丟下一個超級衛生眼，扭著屁股走了。

　　不久，來了一個小老頭。

　　這次，是灶神看見他手裡拎著「惡罐」，還吊兒郎當，一晃一晃的。灶神火箭似地衝出去攔截，還高聲大叫：「好傢伙，趕快還我的罐子！」

　　「幹什麼！」小老頭不肯放手，兩人拉扯起來，「這是我新

買的五加皮酒啊，你要，不會自己去買！」

糟糕，又弄錯了，灶神只好也漲紅著臉，一迭聲地抱歉。

「哼，想喝酒想瘋啦！」小老頭撇撇嘴角，滿臉不屑地走開了。

第三個經過的，是一個容貌清秀的小男孩。

垂頭喪氣的灶神夫婦，誰也沒有上前去問。不料，小男孩竟筆直地走進來，從容不迫地從書包裡掏出「惡罐」，放回原來的位置。灶神夫婦看得呆了，簡直不敢相信，這麼清純可愛的小男孩，竟然會是小偷！

灶神覺得心痛無比，以氣得發抖的聲音說：「小公子，你怎麼會──」

小男孩嚇了一大跳：「對不起，我不知道這裡有人──」他頓了一會兒，定睛朝灶神夫婦猛瞧了一番，忽然驚喜得拍手大叫，「哇！你們一定就是灶神和灶神婆婆，跟我在書上看到的圖畫完全一樣！」

「小公子，」灶神婆婆也很好奇，「你為什麼要偷我們的罐

子呢？」

「偷？」小男孩一臉困惑，「沒有哇，我只是借回去研究一下啊！」

「那你為什麼要借這兩個罐子呢？」

「呃──媽媽在講故事的時候告訴我，你們會隨時記下我們所做的好事和壞事。我做了一件事，不能確定到底是好事還是壞事，剛好經過這裡，看到『善罐』和『惡罐』，就想查查看。這裡光線這麼暗，我只好帶回家去看。可是好奇怪──」

小男孩抓抓腦袋，「我先拿『善罐』，打開一看，裡面亂七八糟的，再拿『惡罐』，還是一樣，一點也看不懂。」

灶神婆婆柔聲問道：「你到底做了什麼事呢？」

「是這樣的，」小男孩說，「媽媽總要我不要和別人打架，可是有一天，我看見一個男生一直扯一個女生的辮子，扯得她都哭了，我叫他不要這樣，他不聽，還打我，我就跟他打起來了。」

「這個嘛，」灶神婆婆把「善罐」捧起來，研究一會兒，笑

睞睞地說，「沒錯，登記在這裡。見義勇為，這的確是好事。」

「真的？太好了！」小男孩原本皺緊的眉頭，一下子舒坦了許多。

「不過，還有一件事，」灶神在一旁翻動「惡罐」，「你沒有得到我們的同意，就隨便借走我們的罐子，害我們空著急，這件事，也登記在這裡啦！」

管阿姨的創作心得分享

　　這個故事也是從一幅年俗畫得來的靈感；多半灶神都是一個人，可是這幅畫卻是灶神夫婦，看起來有一點像土地公和土地婆，而擺在他們前面的「善罐」和「惡罐」看起來也很有意思。此外，就結構而言，這個故事的結構和上一篇〈是誰偷吃了元寶〉頗為類似，不過呢，還在其中加進了一點聯想的趣味，那就是針對「善罐」和「惡罐」的形狀來做聯想：這兩個罐子如果上面沒有貼什麼「善罐」、「惡罐」的字樣，看起來會讓人聯想到什麼呢？醬油瓶？酒瓶？還有什麼呢？

技巧3 針對某一個民間傳說或是古典童話中的人物來做發揮

　　很多存在於民間傳說和古典小說中的人物，都是深入人心、大家耳熟能詳的，如果把他們拿來做為發揮的對象，由於對比的效果，本身很容易就產生出一種特殊的「舊瓶裝新酒」的趣味，是很討好的一種方式。

髒鬼的復仇　　管家琪

　　大家都知道，從前有一個膽子很大的人，叫做定伯，靠著機智把一個無辜的鬼騙到市場，再朝他吐了一口口水，把他變成一隻羊，然後賣掉。因為這件事，定伯一舉成名，被大家奉為勇敢的象徵，可是那個無辜的鬼和他的鬼子鬼孫可就倒楣了。

　　鬼子鬼孫們只要一想起祖先上過定伯的大當，不幸被做成「涮羊肉」的慘劇，都咬牙切齒，憤慨得不得了。

　　為了避免慘劇再度發生，他們決心一定要克服這種「怕口水」的心理障礙。

　　這樣一代傳一代，到了第一千零一代，或許是「過猶不及」的緣故吧，無辜鬼的後代非但不再怕口水，反而還老是一嘴的口水，尤其是當他生氣的時候，更是動不動就口吐白沫！因為這個不雅的毛病，使他在地府都沒有什麼朋友，女鬼們更是個個都一

見他就逃，還叫他「髒鬼」。

髒鬼的心情真是壞透了！

有一天，他左思右想，愈想愈氣，認定自己今天之所以會這麼倒楣，全是從前那個叫定伯的傢伙害的！髒鬼認為，儘管定伯早就不在了，但是他的子孫必須為此付出巨大的代價！

打定主意之後，髒鬼立刻來到地府海關辦事處，要申請通行證。有了通行證，他就可以上去找定伯的曾曾曾曾……孫算帳了。

「什麼理由要上去？」把關的傢伙照例官腔官調地問。

髒鬼於是悲憤莫名地講起「定伯賣鬼」的故事，講得聲淚俱下，慷慨激昂。負責簽發通行證的傢伙，耐著性子聽了老半天，忍不住打岔道：「有這麼嚴重嗎？這──這根本只是小事一樁嘛！」

「小事？你說這是小事？」髒鬼氣得眼睛瞪得老大，頭頂開始冒煙，而且──真糟糕，他一激動，又開始口吐白沫了。「如果不是那個傢伙，我現在也不會有這麼可怕的毛病，也不會被人

家叫做髒鬼⋯⋯咕嚕咕嚕⋯⋯」

「好了好了，你別激動，鎮定一點！通行證給你就是了。」每次髒鬼一開始口吐白沫，對方總是要昏倒，「可是有一個條件，你不可以報復得太過分，告訴我，你打算怎麼做？」

「很簡單，把他碎屍萬段就好。」

「不行！」

「那就五馬分屍。」

「不行！」

「那──身首異處呢？」

「不行不行，都太過分了啦！」

經過冗長的討價還價，髒鬼終於同意自己的報復行動只要意思意思，只要讓定伯的後代也體會一下「口吐白沫」的痛苦，讓他也嘗嘗做髒鬼的滋味，就可以了。

髒鬼終於拿到通行證出發了。

他悠悠忽忽地飄了一整個晚上，總算在子夜飄到了定伯的後代──丁柏的家。

丁柏正在浴室刷牙。

「哈哈，我要你好看！」髒鬼陰氣沉沉地往丁柏逼近──

萬萬沒想到，丁柏一刷好牙，竟然拿起一罐東西，往自己的嘴巴四周噴了好多好多白色的泡泡（其實他是準備要刮鬍子）。再往外一瞧，丁柏的兒子──一個正在長牙的小寶寶，也是滿嘴黏乎乎的口水，傻乎乎地滿地亂爬。

哈，原來，還不必等他動手，他們已經自動口吐白沫了。這下髒鬼可滿意了，心態平衡了，對著丁柏父子大叫兩聲「髒鬼」之後，就高高興興地走了。

管阿姨的創作心得分享

　　〈定伯賣鬼〉是一個有名的古典鬼故事，「定伯」是一個不怕鬼的傢伙，可是，我記得在童年一讀到這個故事的時候，我總是很同情那個鬼！因為我覺得在故事中，那個鬼挺善良、挺老實的，而且他又沒有做錯什麼，也沒害人，居然就被那個狡猾的定伯給騙了！於是，我就很想為那個鬼「報仇」，可是由於我是用童話的方式來寫鬼故事，又不能真的讓髒鬼來加害人類（哪怕只是定伯的後代），所以，就設計了一個「誤會」，讓不認得刮鬍子要噴的那種白白東西的髒鬼，把那些白色的泡沫當成是口水，這樣問題就解決了。

怕擠的門神　　　　管家琪

你一定聽過「門神」──秦叔寶和尉遲恭的故事吧？不過你可能不知道，這兩位門神最近的心情可不太好。

事情是這樣的：

過去家家戶戶都是兩扇木門，兩位門神的畫像自然是左右兩邊，一邊站一個；可是現代社會裡，高樓大廈的，家家戶戶的大門都只有一個（如果鐵門不算的話），兩位門神只好站在一塊兒，所以擠得不得了。

王大寶家的兩位門神，對於這種擁擠，非常不高興。

「哎呀！你過去一點啦，擠死了！」

「有沒有搞錯呀，你才應該過去一點！我這邊早就沒地方了！」

他們愈吵愈氣，終於鬧上天庭，找玉皇大帝去評評理。

「好吧，我知道是委屈你們了。」玉皇大帝說，「這樣好了，把你們倆拆開來，一個人守銅門，一個人守鐵門。」

　　「這不成，」尉遲恭說，「咱們一向都是掛雙頭牌的，這麼一來，不就有『前』、『後』之分了嗎？那會亂了『出場序』呀！」

　　「這個問題不難解決。」秦叔寶笑咪咪地說，「咱們按照筆畫順序，筆畫少的掛前面，多的掛後面，不就好了嗎？」

　　其實啊，秦叔寶早就偷偷在心裡算過了，「秦」的筆畫比「尉」要少一筆，所以當然是他掛前面──掛在鐵門上了。

　　但是，才過了一天的工夫，秦叔寶就後悔了。

　　「哎喲！這個鐵門太不舒服了啦！我都腰痠背痛了！」秦叔寶叫苦連天，「我要重新調整！」

　　尉遲恭看秦叔寶那一把老骨頭被鐵門的鐵條和鏽斑整得好慘，暗叫不妙，因此堅持不肯和秦叔寶對調。

　　兩人又鬧上了天庭。

　　「煩死了。這樣吧，你們就輪值好了，一、三、五秦叔寶

站，二、四、六尉遲恭站。」

「那星期天呢？」

「星期天放假！」

輪值了一個星期，兩人都覺得好不習慣。門神本來是應該有兩個的嘛，現在只有一個「獨挑大樑」，真有一種說不出的怪異。

兩人只好私下講和，再恢復成最初「共守一門」的局面。

勉強相安無事了幾天，又不行了。

「你們又有什麼事？」玉皇大帝一看到他們，就皺著眉頭問道。

「還是太擠了！」兩位門神這會兒連在玉皇大帝的面前，都拚命地用手肘撞來撞去。

「真煩！」玉皇大帝手一揮，命令門神，一個守臥室門，一個守書房門。

「這不公平！」秦叔寶叫著，「王大寶是個書呆子，天天都在書房待很久，只有睡覺才回臥房。為什麼尉遲恭可以守書房，

我就要受冷落？」

「那，你們兩個就交換吧。」玉皇大帝說。他開始頭痛了。

「我不要！」尉遲恭不肯讓。

玉皇大帝看他們倆爭來爭去，火大得不得了：「可惡，再吵個不停，你們乾脆一個去守廚房門，一個去守廁所門算了！」

「我不要！」兩位門神都大呼，「王大寶家的抽油煙機早就壞了，廚房會嗆死人，他家的馬桶也有問題，好臭！」

「你們再吵，就讓你們倆一起嗆，一起臭！」

兩位門神都立刻閉了嘴。過了好半天才囁嚅著問：「沒有──別的辦法了嗎？」

「有了！」玉皇大帝說，「不如你們一人守客廳的落地窗，一人守臥房的落地窗，落地窗夠大了吧，不會再喊擠了吧？」

如此守了三天，秦叔寶和尉遲恭都覺得彆扭得不得了：「莫名其妙！咱們是門神呀，怎麼叫咱們守起落地窗來了？」

但是──他們也不敢再去煩玉皇大帝了，待會兒萬一玉皇大帝一生氣，乾脆撤掉「門神」這項職務，豈不是更糟糕？

左思右想，實在想不出什麼好辦法。最後，兩人只好硬著頭皮一起去要求「恢復原狀」，並雙雙寫下「不再爭吵，不再嫌擠，不再害玉皇大帝頭痛」的保證書。一切終於又恢復原狀了，兩位門神又重新勉強一起守著王大寶家的銅門。

　　倒是王大寶，這天早上才突然「遲鈍」地想著：「奇怪，我怎麼覺得最近好像到處都會看到門神，不知道是怎麼回事？難道是我工作太忙，累糊塗了嗎？」

管阿姨的創作心得分享

　　秦叔寶和尉遲恭是最有名、也最深入民間的一組門神；不過，他們在古代都是守著大大的兩扇門（因爲古代多半都是兩扇門對開的呀），如果是一起守著一扇公寓門，會是怎麼樣呢？從一人一扇門，到兩個人一起掛在同一扇門上面，我首先第一個想到的感覺就是──「好擠！」而我猜想兩位門神對於這種空間變小之後的擁擠一定很不樂意，於是，「怕擠的門神」這個題目就從腦海中冒了出來。

　　既然兩位門神都不喜歡這麼擠，接下來當然就可以讓他們設法去解決這個問題，這麼一想，故事的主線就有了。

灶王爺的煩惱　　　管家琪

最近，灶王爺實在很不開心。

他很想去找包大夫聊聊，可是包大夫那兒卻一直是門庭若市，個性急躁的灶王爺總是不耐久候，一想到得花一上午的時間去排隊、枯坐，才能和包大夫聊上半個鐘頭，灶王爺就不大有勁兒了。

包大夫是玉皇大帝重金禮聘，渡海而來的心理醫生，一來就非常搶手。沒辦法，這年頭啊一切都變化得太快，即使是仙人也常會有心理適應不良的困擾。比方說灶王爺吧，他最大的困擾，就是不知道從什麼時候開始，突然冒出了一個「瓦斯爺」，處處搶盡灶王爺的風頭，讓灶王爺真是恨得咬牙切齒。

「我知道年頭不同啦，得隨時跟上時代潮流，」灶王爺常常如此自言自語，「可是拜灶王爺是──是一種習俗，一種傳統

嘛！那個什麼瓦斯爺，簡直是不倫不類，莫名其妙！」

話是不錯，但是，現在家家戶戶老早都改用瓦斯爐，不用灶，卻也是事實。據說，「瓦斯爺」就是仗著自己深入民間，用戶無數，才敢斗膽異軍突起，自立門戶，搶起灶王爺的生意來了。

其實，說他搶灶王爺的生意也是沒有什麼憑據的啦，只是灶王爺眼見香火日稀，又聽說出現了一個自稱瓦斯爺的不肖之徒，自然不難推理一定是那個可惡的傢伙在存心搗蛋。

灶王爺一直很想見見瓦斯爺，看看他到底是何方神聖。據說他的外貌和灶王爺頗為神似，這更是豈有此理了。「我是何等的寶相莊嚴哪，豈是阿貓阿狗都可以神似的？」只要一思及此，灶王爺就非常不樂。

這天，灶王爺聽說瓦斯爺要來拜見玉皇大帝，打定主意一定要來和他會上一面。

「哼，這個沒有創意、只會拾人牙慧的傢伙，要是他知道我就是鼎鼎大名的灶王爺，一定會很慚愧吧？」灶王爺不斷盤算

著，「我要讓他知道，誰才是老大！」

　　灶王爺風塵僕僕地趕到玉皇大帝那兒，威風凜凜地立在大殿外等候。他打算先辱罵瓦斯爺一頓，再和他一起進去拜見玉皇大帝。他絕不能任瓦斯爺獨自一人在玉皇大帝跟前大作文章，誰知道他會胡說八道些什麼。

　　不知道是不是來早了，等了又等，等到脖子痠了，腳也麻了，總算見到了一行人，頂多十來個左右，舉著上書「瓦斯爺」的大旗，緩緩地朝大殿這兒過來。

　　「來了，來了，哼，就這麼少的人，真寒酸啊！」灶王爺不禁露出鄙夷的笑容，看樣子，瓦斯爺不如想像中派頭嘛！

　　一行人來到灶王爺的面前，灶王爺還分不清哪一個才是瓦斯爺，沒想到大夥兒竟筆直地朝他一鞠躬，恭敬地叫道：「老大！」

　　灶王爺嚇了一跳，以為瓦斯爺不知何時摸到了自己背後，但回頭一看，什麼也沒有。回過身來，大家又叫了一聲：「老大！」

灶王爺一頭霧水，愣愣地問道：「你們是怎麼回事啊？」

為首的小仙一甩拂塵，恭謹地回答：「對不起，老大，我們來遲了。」

「老大？誰是你們的老大？」

「當然是您啦，您不是叫我們直接來這兒和您碰頭的嗎？您要不要換裝了？」

「什麼？」灶王爺瞪大眼睛，怒斥道，「一群神經病！滾遠一點！」

灶王爺正打算用震天雷把他們震出天庭，不料雙手忽然被人死命扯住，仔細一看，原來是包大夫。

「包大夫！你怎麼會在這裡？」

剛剛才趕到的包大夫，氣喘吁吁地說：「是玉皇大帝叫我來的，他說你的『仙格分裂症』又發作了！難道你還不明白，瓦斯爺就是你自己啊！」

管阿姨的創作心得分享

　　過去老百姓都是用灶來燒飯，所以會有灶王爺，在民間傳說中，灶王爺是一個大家非常熟悉的角色，那麼，現代社會大家都是用瓦斯爐燒飯，會不會冒出一個「瓦斯爺」呢？……這樣的疑問和想像，激發了這個故事。接著我就要考慮，該如何處理「灶王爺」和「瓦斯爺」？或許我是電影看多啦，我想到的辦法是運用電影中常見的「人格分裂」，來一個「仙格分裂」。有了這樣的想法，打定主意之後，我在一開始說故事的時候就要一點一點適當地釋放一些訊息（也就是線索），這樣到了最後謎底揭曉的時候才不會太過突兀，整個故事讀起來也才會更有說服力。

同桌是白骨精　　　蕭雲舒（四年級）

　　俺，老豬，自從西天取經回來以後，成了淨壇使者。但是玉皇大帝認為俺──降妖除魔的本領還不夠高，於是，他就派我到天庭學校繼續深造。

　　我坐著太空船來到了天庭學校。一走進校園，真是不看不知道，如今的校園真不是一般的美麗！到處綠樹成蔭，鮮花爭奇鬥豔，紅得似火，藍的似水，粉的似霞……看看這一朵很美，看看那一朵也很美；枝上的小鳥嘰嘰喳喳地叫著：「加油，加油……」此起彼落，響徹雲霄。我循聲望去，操場中央牛魔王正和龍太子在比賽跑步呢！瞧，那邊美羊羊啦啦隊正在手舞足蹈，她們唱得多麼高興啊！原來喜羊羊和灰太郎正在進行激烈的比賽……歡笑聲、喝采聲迴盪在校園的上空。

　　我無心欣賞美景，快步奔向111班報到。上課鈴響了，白髮

蒼蒼的慢羊羊老師邁著緩慢而穩健的步伐走進教室。沒想到，他把我和白骨精安排坐在一起！五千年不見，白骨精竟然還是那麼年輕！還是那麼漂亮！只見她身穿雪白的衣裳，宛如出水的芙蓉。不知怎麼回事，我迫不及待地走上前，說：「白骨精妹妹，我跟妳真是太有緣了！沒想到五千年以後，我還可以在這裡遇見妳，而且妳還成了我的同桌！」白骨精一聽，白了我一眼，說：「哼！你就是那個人見人愛，花見花開的——那個臭豬呀！我才不願意和你是同桌呢！」

一聽她的話，我上下審視自己，接著滿懷信心地說：「白骨精妹妹，妳聞聞我身上，一點臭味都沒有呀！我身體很健康，我很樂於助人……」

「呵，這算什麼！我的歌聲婉轉，前段時間我還上了電視台的『星光大道』表演呢！」不等我說完，白骨精搶著說：「我繡出的花栩栩如生，可以吸引無數的蝴蝶，我的白氏繡法還得了國際大獎啦，如今，我可是媒體追捧的明星了！」

聽了白骨精的話，我羨慕極了！白骨精就這樣成了我學習的

偶像。

　　從這以後，我遊龍宮，上宮廷，入地府，勤練本領。一天過去了，一個星期過去了，一個月過去了……畢業之際，學校組織才藝大比拚，我和白骨精成為了最後的對手。比賽那天，人山人海，各路神仙全到！你看，那位身穿紅色衣服的正是我——帥豬！而站在我身旁的不用介紹，肯定就是我那個死對頭——白骨精！比賽開始，我三下兩下就把白骨精打敗，包攬所有項目的冠軍，白骨精第二名。她輸得心服口服！

　　「來天庭學校學習真是太值得了！我真是不虛此行！」我告別了白骨精，高興地駕雲離去……

管阿姨賞析

這篇作品並不算很成熟，不過，借用一下大家都很熟悉的角色來大加發揮確是一個很好玩的創作方向（不過，所謂的「白氏繡法」讓這個白骨精好像融合了一點蜘蛛精的本事？），小作者的某些語言也還是滿好玩的，譬如「五千年不見，白骨精竟然還是那麼年輕！」

頗為可惜的是，最後的才藝比賽本來應該是重頭戲，可是好像交代得太草率啦，如果能夠把這一個部分好好加強一下，讓「帥豬」不要贏得那麼輕鬆，一定會比較好。

小女巫的八十雙襪子　　林慧納（五年級）

在一個女巫的世界裡，有一個名字叫做多多的小女巫。她有八十雙襪子，每一雙襪子代表著一種心情。

有一天，多多發現她有三十雙襪子不見了。她哭了起來，穿上了代表著傷心的黑色襪子。她走在街上，女巫們看到多多穿著黑色的襪子，就知道多多心情不好，急忙去問怎麼了。多多說，我的三十雙襪子不見了。於是，多多和女巫們計畫了一個捉賊計。

夜晚，多多家裡靜得出奇。女巫們個個都精神百倍，埋伏在多多家外。幾個小時過去了，小偷還沒出現，女巫們都睡著了。突然，多多家裡出現了開門聲，細心的女巫們醒了過來，發現門開著，於是就走了進去，發現動物王國的野豬在偷多多的襪子。於是，女巫們把野豬抓住。野豬哀求道：「求妳們放過我好

嗎？」女巫們心軟了，就問野豬為什麼要這麼做。野豬說：「多多的襪子實在是太漂亮了，我很想偷過來穿。對不起，多多。」

多多對野豬說：「沒關係，看你並沒有惡意，我就放過你。」

野豬很感激多多，多多和野豬還成了好朋友。

第二天，多多穿著代表開心的紅色襪子在公園裡散步。

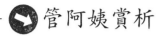 **管阿姨賞析**

女巫（巫婆），是古典童話中經常出現的角色，你想像的女巫是什麼樣子呢？在她的身上又會有什麼樣的故事呢？

在這篇作品中，慧納所想像的是一個很善良、很喜歡襪子的女巫（為她取名為「多多」，和她有那麼多雙襪子聯繫起來，會讓人覺得這個名字對她來說似乎真的很合適）。

慧納寫的故事很完整，可是讀起來好像稍嫌平淡。不過，如果能把野豬為什麼要偷多多的襪子這個部分再多加強一些，譬如野豬也很喜歡襪子，卻怎麼樣也沒有辦法收集得像多多那麼多，因而心生妒忌之類，就比較能增加戲劇感。

技巧4 針對某一個傳統道具做發揮

　　同樣是「舊瓶裝新酒」，現在我們把焦點集中在道具上。在很多民間故事和古典文學作品中都有很多很棒的道具，把這些道具拿來大加發揮也很可以刺激想像。如果要全班三十個小朋友都來寫一篇以金箍棒或是風火輪、仙桃、聚寶盆等等為發揮對象的故事，你會發現，同樣一個古典道具，小朋友的想像卻會是各式各樣。

猴子兄弟過新年　　　管家琪

快過年了，猴子家族四兄弟分工合作，每天忙進忙出，採辦年貨。

這天，老大「大頭呆」在路上撿到一個破鍋子。這個鍋子雖然破，卻破得很藝術，灰灰舊舊一副很有歷史的樣子，大頭呆忍不住蹲下來，瞧個仔細。

「乖乖，這玩意兒還真特別。」大頭呆看了半天，還是看不出個名堂，「會不會是──」他突發奇想，隨即決定先弄回去再說。

大頭呆扛得氣喘如牛，幸好及時碰到老二「二愣子」。

「大哥，你又在搬什麼東西呀？」

「啊！你來得正好。」大頭呆氣喘吁吁地說，「我覺得這個玩意兒很不尋常，快來幫我一起搬回家。」

老三「三腳貓」大老遠看到兩個哥哥輪流扛一個破鍋子回來，立刻扯開喉嚨朝廚房喊話：「老四呀，快來看，大哥二哥不知道又在搞什麼鬼了。」

老四「小廚師」匆匆忙忙地跑出來一看，皺著眉頭嘟嚷道：「這到底是什麼呀？我的燕餃和魚餃呢？」

小廚師不滿地說：「我的火鍋馬上就要上桌了呀！」

二愣子一臉冤枉的表情：「我不知道，你問大哥吧！」

「哎呀！別管火鍋了。」大頭呆興奮地說，「你們看──」

「什麼意思？不管火鍋，那我們今天晚上的晚餐怎麼辦？」小廚師瞪著大哥，一臉的不高興。

「就是呀！何況燕餃和魚餃是小弟最愛吃的東西。」三腳貓火上加油。

大頭呆還是笑咪咪地說：「等你們知道這玩意兒是什麼寶貝之後，不要說一頓晚餐了，我保證咱們一輩子都可以吃喝不盡哪！」

「哦？」三腳貓的興趣來了，「是什麼寶貝？」

「就是──」大頭呆故弄玄虛。

「是什麼？」三個弟弟的耳朵都拉得好長。

「嘿嘿，告訴你們，」大頭呆神祕兮兮地說，「我懷疑這就是傳說中的──聚──寶──盆！」

「聚寶盆？」二愣子愣愣地說。

「無價之寶會這樣隨隨便便丟在路邊被你撿到？」三腳貓顯然不信。

「真無聊！又在做發財夢了，我還是去料理火鍋吧！」小廚師回廚房去了。

「咦？每個人都可能會有奇遇呀！我在聖誕夜沒碰到奇遇，現在快到大年夜了，總該有奇遇了吧！」大頭呆摸摸「聚寶盆」上的雕飾花紋，「你們不覺得跟圖畫書上畫的很像嗎？」

「像沒有用，」三腳貓說，「要試試看才知道。」

「我正好有五角。」二愣子從口袋裡摸出一個小銅板，「把它放進去，看它會不會變多。」

「住手！」大頭呆一把搶下，氣急敗壞地說，「你這個瘋

子！五角早就沒人要了，萬一變出一大堆五角怎麼辦！」

「是呀！」三腳貓也說，「我記得傳說中的聚寶盆放進什麼就會一直變出什麼，我們當然得丟一張面額最大的千元大鈔來試試看。」

「那我沒有了，我的錢都用來買東西買光了。」二愣子說。

「我也沒有了。」大頭呆摸摸空空如也的口袋。

「你們等一等，我去拿儲蓄罐，我有。」三腳貓說完，立刻轉身要朝房內走去。他轉得太急，差點迎面撞上端了火鍋出來的小廚師。小廚師大吃一驚，身子一閃，頓時失去重心。

「哎呀！」美味可口的火鍋潑出來了，濺到地板上、沙發上、茶几上，還有──「聚寶盆」上！

小廚師正要開口大罵莽撞的三哥，忽然，屋內響起一陣「咕嚕咕嚕」的怪聲，屋子裡也香味四溢。

四兄弟瞪著那古怪的「聚寶盆」，下巴都快掉下來了。現在，他們都可以確定這絕對是貨真價實的聚寶盆了。因為，剛才濺進去的一點湯湯水水，少許菜肴，轉眼之間，竟然已經變成一

大鍋還冒著熱氣的火鍋！

　　大家互望一眼，二話不說，立刻動作一致地坐下來──吃！
要命的是，他們一直吃到大年夜，大年初一、大年初二……這鍋
意外的火鍋，始終還是咕嚕咕嚕，吃不完！

 管阿姨的創作心得分享

　　如果來做一次票選，「聚寶盆」恐怕會是民間故事中最受歡
迎的一個東西了吧！這個故事就是把聚寶盆拿來大作文章。整個故
事中最重要的一個趣味點──那鍋吃不完的火鍋，就是運用聚寶盆
「取之不盡，用之不竭」的特點。也就是說，在借助某一個傳統道
具的時候，一定要把這個道具最重要的特性提煉出來，再放到你所
創造的一個特定情境中，互相激盪，才可能產生出一些新意。

神奇紅包袋　　管家琪

　　糊塗村最近非常喧鬧，大家都在熱烈討論《道聽塗說報》上一則頭版頭條大新聞──神奇紅包袋終於出土了！

　　據說，糊塗村的深山裡，悄悄埋藏著一個極為特別的紅包袋，它的形狀、大小雖與一般紅包袋相仿，卻擁有傳說中「聚寶盆」的功能。那就是：只要放一張薄薄的鈔票進去，不出幾秒鐘，紅包袋就會變得圓圓滾滾，然後鈔票多得滿出來，而且還會不斷增多、不斷增多！

　　糊塗村的村民都相信，這是很早很早以前，祖先好心埋起來，準備給他們做為應急之用的寶物。只可惜，祖先心腸雖好，腦袋卻很糊塗，竟然忘了交代神奇紅包袋到底是埋在哪兒。多年來，冒險進入深山，希望找到神奇紅包袋的英雄好漢不知道有多少，但每個人都是壯志凌雲地出發，垂頭喪氣地回來，根本毫無

所獲。

　　現在，就在許多村民已紛紛懷疑「是不是真的有神奇紅包袋」的時候，寶物又戲劇性地被挖掘出來。根據《道聽塗說報》報導，挖掘者山羊公公，慈眉善目，是一位來自異鄉，睿智異常的冒險家。報導中並且描述，山羊公公溫文爾雅，學富五車，又嗜書如命，不管走到哪兒都會帶著一大車子的文獻資料，就連這次到糊塗村來探險也不例外。最後，這篇報導結論道：

　　「山羊公公這種手不釋卷，活到老、學到老的精神，實在是令人景仰。」

　　這天，糊塗村的村民聚集在一起，商討舉辦慶祝會的諸多事宜。

　　主席大灰熊說：「這次神奇紅包袋的出土，真是村裡的大事，山羊公公馬上就要下山了，我們一定要好好地慶祝一番，為他做英雄式的歡迎。」

　　「對，一定要大肆慶祝！」大家都附議道。

　　「不過，我有一個意見，」狐狸介紹道，「慶祝會的壓軸節

目可不可以安排請山羊公公當眾示範，讓我們見識一下神奇紅包袋究竟有多神奇，況且——這本來就是我們糊塗村的寶物，雖然是山羊公公發現的，我們收一點場地費總不過分吧？」

原本熱鬧喧譁的會場，忽然一下子沉寂下來。因為，狐狸的一席話，真是說進每個人的心坎裡去了。

沉寂了一會兒，大家都爭先恐後地發言了：「狐狸說得對，神奇紅包袋本來就是我們自己的東西嘛！」

「唉！經濟不景氣，孩子們的壓歲錢都發不出來了，要是有神奇紅包袋該有多好哇！」

「都怪老祖先太糊塗了，早說是藏在哪兒，今天就不會讓寶物流落到異鄉人的手裡了。」

大家愈講愈激動，主席見狀，只好先決議由狐狸擔任歡迎代表，到深山裡去迎接山羊公公，以免他迷路。等山羊公公一露面，再從長計議，如何處理、借用紅包袋也不遲。

狐狸得令，便連夜出發了。他辛辛苦苦地走了一整夜，才在破曉時分迎面遇到一個完全符合報導中所描述的睿智老冒險家，

手裡拿著一個小小長方形的紅包信封──喲，可不正是傳說中的「神奇紅包袋」嗎？

狐狸心中竊喜，客客氣氣地迎上前去：「您一定就是山羊公公吧？辛苦辛苦，我來幫您拿行李。」

老山羊還來不及開口，不料狐狸搶了紅包袋就跑。可是，才跑到山坡下，立刻就被野狼絆倒。野狼搶了紅包袋，跑了幾步，又被禿鷹丟下的大石頭砸中腦袋，當場昏迷。禿鷹叼了紅包袋，飛了幾米，又被河馬一箭射下來。就這樣，像傳球似的，紅包袋不斷易手。

原來，糊塗村的全部村民都不約而同地來搶這個神奇紅包袋啦！

慶祝會的主席大灰熊，站在會場門口，目睹了這場爭奪戰，氣得直跳腳：「狐狸、野狼、禿鷹、河馬，你們怎麼都見錢眼開，不去做自己的事，反而都來搶神奇紅包袋了？簡直是豈有此理──」

然而，大灰熊的話還沒有罵完，斑馬捧著紅包袋咚咚咚地正

巧快步經過他的面前，大灰熊竟然就像被催眠似地馬上提了一根棍子追上去，毫不猶豫地把斑馬一棍擊倒，放聲大叫道：「哇哈！爸爸媽媽老婆孩子，還有我自己的壓歲錢，統統都有著落啦！」

接著，大灰熊以迅雷不及掩耳的速度，把身上僅有的一張千元大鈔塞進紅包袋，屏息等待。

但是，過了幾秒鐘、幾分鐘，紅包袋看起來仍然扁扁的，絲毫沒有變化。

「這是怎麼回事啊？」大夥兒這時也圍攏過來，紛紛建議道：「打開看看吧！」

大灰熊困惑地打開紅包袋──才看了一眼，就發出一聲淒厲的慘叫：「天啊！我的壓歲錢變成『壓碎錢』了，這可是我僅有的一千塊啊！」

「有什麼意外嗎？」山羊公公忽然出現了，「這本來就是一個碎紙機嘛，難道你們不知道嗎？」

「什麼？碎紙機！」眾人驚呼，「那你找碎紙機幹嘛呢？你不是一個學富五車的冒險家──」

「學富五車？」山羊公公說，「喔，你們是說那一車的舊書報是吧？我本來就是收舊書報的嘛！才不是什麼冒險家哩！這個碎紙機也太小了，不好用，你們喜歡的話，就送給你們吧！」

 管阿姨的創作心得分享

　　這個故事實際上是運用到兩個民間故事中的道具，那就是「聚寶盆」和「紅包袋」。

　　也許你會說，「紅包袋」算是傳統道具嗎？我們不是到今天都還在用嗎？是啊，現代人的生活中離不開紅包袋固然是事實（特別是在過年的時候），可是紅包袋是伴隨著過年給壓歲錢的習俗而來的，這麼一來，自然就還是有一番古典味了。

6

結語

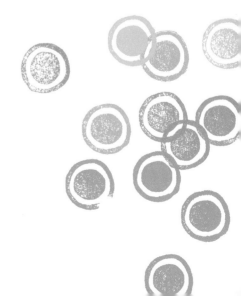

所謂「巧婦難為無米之炊」，在創作童話之前不妨先大量閱讀神話、民間故事以及古典童話，自然而然地從中吸收營養，而在閱讀的過程中，不妨多做一些相同主題（譬如「彩虹的由來」、「為什麼在打雷之前會先有閃電？」、「為什麼月亮會有陰晴圓缺？」、「為什麼會有四季的變化？」等等）的仔細比較，做一種主題式的閱讀，這樣對於刺激我們的想像、聯想能力和思考能力都會很有幫助。

　　在閱讀的時候，如果偶然冒出了什麼想法更是一定要趕快記下來，這些點點滴滴或許都會是不錯的創作題材。

　　總之，從童話改寫，以及從民間故事、古典童話中去尋找適合的素材，對於剛剛開始要嘗試童話寫作的人來說，不但會是一種很好的寫作訓練，也會比較容易建立寫作的信心。

　　親愛的小朋友，如果我們能夠經常用童話的角度來看世界上的萬事萬物，這個世界一定會變得可愛得多，而寫童話更是一件很好玩、充滿了遊戲性的事，希望大家都來試試看吧！

7

延伸閱讀

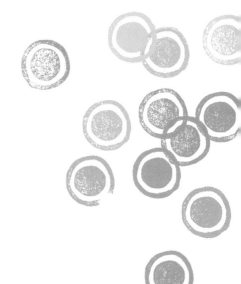

小朋友，你讀了《想像，是童話的翅膀——讀童話學作文》（初階）這本書之後，對「童話」的來源與特色，有些基本的認識與了解，管阿姨在這本書中，還提到很多很多有趣的童話故事，這些都可以激發你的想像力，多閱讀能讓你的想像力更會飛喔。你看過哪些篇章？可以在框框內打一個勾。繼續加油吧！

【書籍】

☐安徒生童話

☐格林童話

☐天方夜譚

☐講給孩子們聽的故事

【故事】

☐阿里山的姊妹潭

☐虎跳峽的傳說

☐飛來峰

□半屏山

□香山紅葉的傳說

□將軍柏

□湘妃竹

□水仙花

□好鼻師

□螞蟻的由來

□猴子紅屁股的故事

□年的傳說

□端午節吃粽子的由來

□中秋節的由來

□門神的故事

□閻王爺的由來

□鍾馗的傳說

□五羊城的傳說

□羅馬的故事

□愛玉凍

□新港飴

□白賊七

□崇禎皇帝測字

□清不過包公

□紀曉嵐的傳說

□傻女婿

□書呆子與木匠

□三叔公

□定伯賣鬼

□小克勞斯和大克勞斯

□豌豆上的公主

□小意達的花

□阿拉丁與神燈

□阿里巴巴與四十大盜

□藍燈

□韓森與葛娜德

□小錫兵

□舊路燈的獨白

□小杉樹的一生

□大紅燭與小白燭

□豌豆莢裡的五粒豆兒

□人魚公主

□白雪皇后

□一個母親的故事

□賣火柴的小女孩

□國王的新衣

□龜兔賽跑

管家琪最新作品「讀童話學作文」系列

作文，就是寫故事。

「讀童話學作文」由淺入深，指導小朋友嘗試透過童話寫作練習，讓小朋友願意寫、喜歡寫，進而加強文字與作文技巧。

本系列將告訴小朋友如何從童話學到重要的作文基本能力，讓小朋友自然而然寫出流暢優美的作文。

「讀童話學作文」初階：

《想像，是童話的翅膀——讀童話學寫作》（5月出版）

「讀童話學作文」中階（預計6月出版）

「讀童話學作文」進階（預計7月出版）

九歌小教室 1

想像，是童話的翅膀
讀童話學作文（初階）

作者	管家琪
責任編輯	何靜婷
發行人	蔡文甫
出版發行	九歌出版社有限公司
	臺北市105八德路3段12巷57弄40號
	電話／02-25776564・傳真／02-25789205
	郵政劃撥／0112295-1
九歌文學網	www.chiuko.com.tw
印刷	晨捷印製股份有限公司
法律顧問	龍躍天律師・蕭雄淋律師・董安丹律師
初版	2011（民國100）年5月
定價	**240元**

書號	0176401
ISBN	978-957-444-766-4

（缺頁、破損或裝訂錯誤，請寄回本公司更換）

版權所有・翻印必究　Printed in Taiwan

國家圖書館出版品預行編目資料

想像，是童話的翅膀——讀童話學作文（初
　階）／管家琪著. -- 初版. -- 臺北市：九歌，
民100.05
　　面；　公分. -- (九歌小教室；1)

　ISBN 978-957-444-766-4(平裝)

　1.漢語教學　2.童話　3.寫作法　4.小學教學

523.313　　　　　　　　100005818